Serienkulturen: Analyse – Kritik – Bedeutung

Herausgegeben von
Prof. Dr. Marcus S. Kleiner, SRH Hochschule der populären Künste.
Berlin, Deutschland

Die Bände bieten eine spezifische Leitperspektive auf eine Serie oder eine bestimmte Thematik in unterschiedlichen Serien. Ziele der Reihe sind u.a.:

- Vergleichende Analysen der sozialen, politischen, (inter-)kulturellen, lebensweltlich-identitären Bedeutungen der Serien (national/international)
- Vergleichende Analyse des Potentials von Fernsehserien als Analytiker und Kritiker von (historischen und/oder aktuellen) Zeitfragen
- Systematische und umfassende Erforschung der internationalen Serienkulturen von den 1950ern bis zur Gegenwart
- hohe Relevanz für die Film- und Fernsehwissenschaften im Speziellen, die Medien-, Kultur- und Sozialwissenschaften im Allgemeinen
- Publikumsorientierte Ausrichtung und eine entsprechende stilistische Form, hierbei v.a. auch eine deutliche Adressierung von Serien-Fankulturen, und keine exklusiv fachinternen Ausrichtungen der Bände.

Weitere Bände in dieser Reihe http://www.springer.com/series/13105

Sven Stollfuß

Cyborg-TV

Genetik und Kybernetik
in Fernsehserien

Springer VS

Sven Stollfuß
Institut für Kommunikations- und
Medienwissenschaft
Universität Leipzig
Leipzig, Deutschland

Serienkulturen: Analyse – Kritik – Bedeutung
ISBN 978-3-658-14471-5　　　　ISBN 978-3-658-14472-2　(eBook)
DOI 10.1007/978-3-658-14472-2

Die Deutsche Nationalbibliothek verzeichnet diese Publikation in der Deutschen Nationalbibliografie; detaillierte bibliografische Daten sind im Internet über http://dnb.d-nb.de abrufbar.

Springer VS
© Springer Fachmedien Wiesbaden 2017
Das Werk einschließlich aller seiner Teile ist urheberrechtlich geschützt. Jede Verwertung, die nicht ausdrücklich vom Urheberrechtsgesetz zugelassen ist, bedarf der vorherigen Zustimmung des Verlags. Das gilt insbesondere für Vervielfältigungen, Bearbeitungen, Übersetzungen, Mikroverfilmungen und die Einspeicherung und Verarbeitung in elektronischen Systemen.
Die Wiedergabe von Gebrauchsnamen, Handelsnamen, Warenbezeichnungen usw. in diesem Werk berechtigt auch ohne besondere Kennzeichnung nicht zu der Annahme, dass solche Namen im Sinne der Warenzeichen- und Markenschutz-Gesetzgebung als frei zu betrachten wären und daher von jedermann benutzt werden dürften.
Der Verlag, die Autoren und die Herausgeber gehen davon aus, dass die Angaben und Informationen in diesem Werk zum Zeitpunkt der Veröffentlichung vollständig und korrekt sind. Weder der Verlag noch die Autoren oder die Herausgeber übernehmen, ausdrücklich oder implizit, Gewähr für den Inhalt des Werkes, etwaige Fehler oder Äußerungen.

Lektorat: Barbara Emig-Roller, Monika Mülhausen

Gedruckt auf säurefreiem und chlorfrei gebleichtem Papier

Springer VS ist Teil von Springer Nature
Die eingetragene Gesellschaft ist Springer Fachmedien Wiesbaden GmbH
Die Anschrift der Gesellschaft ist: Abraham-Lincoln-Str. 46, 65189 Wiesbaden, Germany

Inhaltsverzeichnis

1 Einleitung... 1
2 Informatisierung des Körpers................................... 13
3 Kybernetische Kultur des Populären............................ 47
4 Gene, DNA und Klone in Serie.................................. 79
5 Politisierung des kybernetischen Körpers in
  fernsehseriellen Fiktionen...................................... 109
6 Fazit... 133

Literatur... 139

Über den Autor

Sven Stollfuß, Dr. phil., seit Oktober 2016 Juniorprofessor für „Digitale Medienkultur" an der Universität Leipzig. Von 2015–2016 wissenschaftlicher Mitarbeiter an der Fachgruppe Medienwissenschaft der Universität Bayreuth. Von 2012–2015 wissenschaftlicher Mitarbeiter am Institut für Medien- und Kommunikationswissenschaft der Universität Mannheim (Lehrstuhl Prof. Dr. Jens Eder). Von 2009–2012 wissenschaftlicher Mitarbeiter am Institut für Medienwissenschaft der Philipps-Universität Marburg und leitender Redakteur der Zeitschrift MEDIEN*wissenschaft*. Promotion 2012 mit einer Arbeit über „Digitale Körperinnenwelten. Endoskopische 3D-Animationen zwischen Medizin und Populärkultur" (Marburg: Schüren 2014). Magisterstudium der Medienwissenschaft, Europäischen Ethnologie und Neueren deutschen Literatur.

Einleitung 1

„Bring mir den Kopf von Raymond Kurzweil!" titelte ein Artikel im Feuilleton der *Frankfurter Allgemeinen Zeitung* im Juli 2015 (Wiedemann 2015). Das liest sich reichlich barbarisch und ist doch nicht mehr als ironische Rhetorik. Wenn Kurzweil proklamiert, dass im Jahr 2030 „Computer […] den Tod abschaffen [werden]" (Wiedemann 2015) und der Mensch als digitaler Code in der Singularität (Kurzweil 2005) eine völlig neue Verfasstheit erreiche, dann ist es herzlich egal, was mit dem biologischen Kopf von Kurzweil passiert. Ray ist dann schon längst online – und womöglich wird Google auch noch die passende Informationsinfrastruktur für seinen Ingenieur und Technologievisionär dafür (an-)bieten. Wiedemanns (2015) journalistische Volte ist also kein Lynchaufruf, sondern eine Auseinandersetzung mit den transhumanistischen Visionen über die Manipulation und Optimierung des menschlichen Körpers durch Informationstechnologien. „Nach Kurzweil könnten schon bald Nanobots, sehr kleine Roboter in der Blutbahn, Viren, Bakterien und Krebszellen bekämpfen. Und der Moment der ‚Singularität', verspricht er schon seit Jahren, sei nah: Dann soll künstliche Intelligenz so weit entwickelt sein, dass sie mit der menschlichen verschmelzen kann." Mensch und Computertechnologie hätten sich dann so weit angenähert, „dass die digitale Kopie von Personen, der Download der Identität möglich wird. Durch die Nanobot-Medizin werden Menschen nicht mehr altern; falls doch, wird ihre jeweilige Gehirn-Software auf robotische Avatare überspielt" (Wiedemann 2015).

Die Vorstellung der nanotechnologischen Intervention in den biologischen Organismus von Lebewesen ist eine der vielen Formen, wie sich der Transhumanismus die Herstellung und Prozessierung von ‚Softwarekörpern' im Zeitalter der Singularität vorstellt (vgl. Kurzweil 2005, S. 325). Und dabei ist die informatische Erschließung bzw. das Verständlichmachen des Körpers im Regime der Information keine alberne Idee abgetragener Science-Fiction, sondern beschäftigt die Naturwissenschaft bereits seit einigen Jahren auf vielfältige Weise. In einem Artikel in der *Ärzte Woche* noch im April 2014 heißt es etwa, eine Gruppe aus Wissenschaftlern der renommierten Harvard University hätte mit israelischen Forschern DNA-Nanobots erfolgreich in ein Lebewesen eingeführt. Durchgeführt wurde das Experiment – ausgerechnet – an einer Küchenschabe. „Dabei soll sogar die Leistung eines Acht-Bit-Rechners wie des Commodore 64 aus den 1980er-Jahren möglich sein." Auf diese Weise könne die Behandlung von Krebs revolutioniert werden, „denn die Bots transportieren in ihren DNA-Strängen Medikamente zu den Krebszellen" (*Ärzte Woche* 17/2014, o. S.). Auf den ersten Blick ist das wohl eher nicht der erwartete Quantensprung in die verheißungsvolle Zukunft der Flexibilisierung des menschlichen Körpers als organisch-anorganisches Mischwesen, wenn eine Küchenscharbe und ein C64 als Referenz herhalten sollen. Die Verschmelzung von Mensch und Computertechnologie klingt vor diesem Hintergrund noch ziemlich schief. Auch die digitale Kopie des Menschen als numerischer Code zum Download ist danach eher schwer vorstellbar, wenn alles sauber komprimiert auf eine Floppy Disk zu passen hätte.

Andere Projekte hingegen – wie zum Beispiel das von der Europäischen Union finanzierte Flaggschiffprojekt „The Human Brain Project" – lassen eine sehr viel elaboriertere Deutung dessen zu, was mit moderner Computertechnologie am menschlichen Körper so alles machbar ist bzw. gemacht werden kann (vgl. hierzu Stollfuß 2014a). Denn was sich in diesem und anderen Projekt/en zeigt und zeitigt, so auch Wiedemann (2015), ist gerade die „Digitalisierung des Körpers". Die Lesbarmachung also des Menschen auf Basis seines genetischen Codes zur möglichst vollumfänglichen computerbasierten Datenverarbeitung. Ob dies in nahender Zukunft – spätestens im Anschluss an die Erkenntnis des Human Genome Projects (vgl. hierzu Kap. 2) – nun tatsächlich möglich sein kann, daran scheiden sich die Geister.

Für das vorliegende Buch ist die Diskussion darum, ob der Mensch in Bälde tatsächlich als Avatar aus digitalen Daten frei im Netz umherwandelt und mit nur wenigen Klicks computertechnologisch prozessiert werden kann, allerdings unerheblich. Zentral ist jedoch die öffentliche Debatte in dieser Sache für die Analysen in den folgenden Kapiteln aus zwei Gründen.

1. Die wissenschaftliche wie gesellschaftliche Aufmerksamkeit für eine – zu wesentlichen Teilen vom Transhumanismus als auch von den Ideen um ein Human Enhancement flankierte – Diskussion über die Neuverfassung des Menschen unter einem informatischen Regime hat in den vergangenen Jahren stetig zugenommen. Nicht zuletzt durch die Möglichkeiten der sogenannten NBIC Converging Technologies (Nanotechnology, Biotechnology, Robotics,

Information Technology, Cognitive Science) – die immerhin als Schlüsseltechnologien der Zukunft gehandelt werden – soll der Mensch durch technologische Interventionen und die *(Um-)Programmierung des genetischen Codes* in gänzlich neuer Art und Weise (medientechnisch) gestaltbar sein.

2. Der Diskurs über die informatische Neuverfassung des Menschen kann unter erkenntnistheoretischen Vorzeichen umfänglich nur inklusive jener Sphäre geführt werden, die in den wissenschaftlichen wie öffentlichen (zum Teil massiv visionären) Überlegungen zwar immer wieder referenziert, jedoch nicht konsequent in die Diskussion um eine neue Wissenskultur der – wie ich es nenne – *Informatisierung des Körpers* einbegriffen wird: Gemeint ist der Bereich der Populärkultur und hierin gerade der der fiktionalen fernsehseriellen Erzählung.

Im Horizont populärkultureller Imaginationen einer Informatisierung des Körpers wird das erkenntnistheoretische Programm der Manipulation und Optimierung, vor allem aber der genetischen Programmierung des Menschen doch nachhaltig informiert und beeinflusst. Dies insofern, als dass populäre Medienerzählungen die Grenzen des Machbaren stets ausleuchten, bewusst überschreiten und sich der Visionen und Konsequenzen (zwischen utopischer Vorstellung und mahnender Kritik) für den Menschen, für Kultur und Gesellschaft annehmen. Fernsehserien beziehen sich dabei zwar durchaus auf wissenschaftlich-technische Gegebenheit der computerbasierten Prozessierung von Daten über den bzw. des Menschen, rekontextualisieren diese jedoch im Rahmen ihrer spekulativen, d. h. populärkulturell-interpretierenden und fiktional-hypothetischen erzählerischen Muster und genrespezifischen Codierungen. Dabei produzieren sie selbst spezifische Wissensordnungen als Teil populärer Medienkulturen, die stets zirkulieren zwischen Faktizität und Fiktionalität, zwischen Realität und Simulation sowie bisweilen auch zwischen Wissen und Glauben. Populäre Medienerzeugnisse bleiben dabei in der Hauptsache wiewohl „spekulativ, wobei sie dem Spekulativen zugleich einen Realitätssinn und dem Realen einen Möglichkeitssinn verleihen" (Kleiner 2015, S. 85). Fernsehserien spielen dabei mit den Grundordnungen eines kulturellen Fiktionsverständnisses, indem sie durch die permanente Grenzverletzung angesichts der vermeintlich sicheren Distinktionen von ‚Fakt' und ‚Fiktion' bzw. ‚Realität' und ‚Simulation' einen Bereich der kulturellen, symbolischen Interpretation und Aushandlung über die präsentierten Themen ermöglichen. Innerhalb dieses Interpretations- und Aushandlungsraums fiktional-narrativer und -ästhetischer Textualität (als kulturelle symbolische Formation) werden nicht nur jeweils gegenwärtige gesellschaftliche Herausforderungen interpretiert und kommentiert, sondern auch in einem größeren zeitlichen Entwicklungsrahmen kritisch ausgelegt. Auf diese Weise wird primär der normative Wissenshorizont vor allem wissenschaftlich-technischer Dynamiken hinterfragt und durch die Unsicherheit in der Ausleuchtung von langzeitigen Effekten auf Gesellschaft, Kultur und Körper in der fiktional-hypothetischen Erzählung konterkariert. Fiktionale Serien spielen mit Grenzziehungen in Hinblick auf normative Setzungen zwischen (vermeintlich sicherem) Wissen um wissenschaftlich-technische Realitäten und (vermeintlich abwegigen) Annahmen über sowohl visionär-utopische, aber auch problematische, unsichere und riskante Möglichkeiten. In diesem Zusammenhang produzieren sie eine Wissensordnung, die zirkuliert zwischen Technologieentwicklungskritik und Kritik einer entfesselten Human Agency (die konkrete Technikentwicklungen auslöst), aber auch – und gerade – den verheißungsvollen Erwartungen auf eine potenziell optimierte soziotechnologische Gesellschaft inklusive der damit verschränkten kybernetischen Körper. In diesem Sinne ist der informationstechnologisch prozessierte kybernetische Körper der Populärkultur auch niemals politisch ‚freigesprochen'. Im Gegenteil, populäre Erzählungen wie die Fernsehserie bringen stets einen kybernetischen Körper hervor, der unter Voraussetzungen (s)einer Politisierung zu erfassen ist (vgl. hierzu das fünfte Kapitel).

Das vorliegende Buch ist die Auseinandersetzung mit der *Informatisierung des Körpers* im Horizont populärer, fernsehserieller Manifestationen und ihren unterschiedlich virulenten kybernetischen Körperkonzepten. Leitend ist dabei die These, dass gerade nordamerikanische Fernsehserien eine immer schon differenzierte Sichtweise auf die Verschränkung von Mensch und Computertechnologie angeboten haben. Bei den TV-Serien, die in den folgenden Kapiteln ausführlicher analysiert werden, handelt es sich um sowohl US-amerikanische wie auch kanadische Serien. Da alle Produktionen aus dem nördlichen Teil des amerikanischen Doppelkontinents stammen, werden sie im Weiteren aus Gründen der terminologischen Einfachheit sowie der Lesefreundlichkeit des Textes unter dem Label der *nordamerikanischen Serie* zusammengefasst. Die nordamerikanische Serie nun hängt erstens gerade nicht *per se* einem dystopischen Untergangsszenario an und weist zweitens doch ein politisierendes Potenzial auf, das die Verhandelbarkeit einer entsprechend veränderten soziotechnologischen Gesellschaftsordnung diegetisch zur Aufführung bringt, die – sozusagen im Kielwasser der Theoreme der Actor-Network Theory (vgl. u. a. Latour 1995) – gerade die Wechselseitigkeit der Agency von Mensch und Informationstechnologie hervorhebt. Erst in der reziproken Verschaltung von Mensch, Software und Hardware zeitigt sich auch in der Populärkultur eine Dauerhaftigkeit des Humanen im Dispositiv der kybernetischen Kultur (vgl. auch Stollfuß 2013, S. 298). Dies näher auszuführen wird die Aufgabe in den nachfolgenden Kapiteln sein.

1 Einleitung

Wenn in Wissenschaft, in öffentlichen (gerade journalistischen) Diskussionen sowie in den meisten filmischen Erzählungen Körper als hybride Erscheinungen, als Mensch-Maschine-Verbindungen entworfen werden, die unsere ‚Vorstellungssysteme" über natürliche „menschliche Merkmale" (Barsch und Hejl 2000) in Abgrenzung zu technologischen Artefakten infrage stellen, werden in der Regel doch ‚hysterische Körper- und Mediendiskurse' (Gunzenhäuser 2006) aufgerufen, innerhalb derer man den Menschen mit Entwicklungen konfrontiert sieht, die seine Unterdrückung durch Technologie unabwendbar erscheinen lassen (vgl. auch Joy 2007). Prothesen aus Metall, gentechnische Manipulationen und künstliche Retinaimplantate mit Mikrochips spielen allesamt einer Vision in die Hände, an deren Ausgang der Mensch aus seiner biologischen Mangelhaftigkeit zu befreien ist. Das gilt als Sanierungsdevise für Erwachsene, aber auch schon auf der Ebene der genetischen Datenauswahl für noch zur Welt zu bringende Kinder. Selbst der FAZ-Artikel arbeitet zum Schluss in diese Richtung, wenn es heißt: „Das ist die neue Variante der Cyborg-Vision: Will ich meinem Kind die besten Chancen bieten, was wähle ich? Weiß, männlich, hetero, 1,80 groß, die Schultern breit, die Hüfte schmal? Mehr IQ kann ich später per Chip nachkaufen" (Wiedemann 2015, o. S.). Die Idee aus Andrew Niccols *Gattaca* (USA 1997) hat hartnäckig Bestand – und am Ende wird meist doch noch ein (hysterischer) *Terminator* der ersten Generation angerufen und in die Welt geschickt.

Während das bisherige Auftauchen hysterischer Körper- und Mediendiskurse (Gunzenhäuser 2006) notwendigerweise die eindeutige Distinktion von Mensch und Technologie akzentuiert – die immer in der Konfrontation von menschlichem Subjekt und Maschine mündet, in deren Folge die Macht des Humanen bis aufs Blut zu verteidigen oder nach temporärer Abgabe an Technik eben wiederherzustellen ist –, lassen sich in fernsehseriellen Erzählungen reflektiertere Perspektiven in der Differenzierung einer Verbindung von Mensch und Medientechnik ausfindig machen. Lars Koch (2014, S. 32) beispielsweise hat es in seiner Analyse der schwedischen Serie *Real Humans* (SVT 1, 2012–) wie folgt formuliert: „Die Handlungsmacht, die in tradierten Vorstellungen immer dem menschlichen Herrn der Maschine zukommt, transferiert die Actor-Network-Theory an die Handlungs- und Assoziationsketten selbst, in die die menschlichen Akteure ebenso eingespannt sind wie die Dinge, Logiken und Verfahrensweisen." Serien wie *Real Humans* transformierten somit diesen Ansatz zum Kern einer diegetischen Ausgestaltung von Handlungs- und Assoziationsketten mit der Konsequenz einer „narrativen Vielschichtigkeit", in deren Folge die soziokulturellen Relationen zwischen Mensch und Technologie in Hinblick auf einen logischen und persistenten Machtanspruch des Menschen instabil werden (Koch 2014, S. 32).

Gleichzeitig aber heißt das eben nicht zwangsläufig die Unterwerfung des Menschen durch Technologie. Hieran anschließend und in Ergänzung meiner eigenen Überlegungen zur Wechselseitigkeit von Mensch/Körper und Computertechnologie (Stollfuß 2013) möchte ich die unterschiedlich virulenten populärkulturellen Imaginationen von ‚Handlungs- und Assoziationsketten' zwischen Mensch, Medientechnik und schließlich Logik der informationstechnologischen Herstellungs- und Verarbeitungsprozesse hinsichtlich der Ausbildung und Politisierung kybernetischer Körper in einem US-fernsehserienhistorisch größeren und dabei sujetbezogen umfangreicheren Betrachtungshorizont untersuchen. Die Informatisierung des Körpers ist als ein Beschreibungsmodus zu verstehen, mit dem in der Populärkultur die Wechselseitigkeit von menschlichem Körper und Informationstechnologien auf Codebasis (als die Austauschbarkeit von genetischem Code und digitalem Code) ansichtig wird. Dabei vermischen sich Referenzen auf aktuelle realwissenschaftliche Entwicklungen in der informatischen Ausrichtung der Genforschung (vgl. Thacker 2003a, 2004; Rajan 2009), Visionen über eine Transformation des Menschen als unbedingtes Kernziel der Kybernetik als Universalwissenschaft in der Mitte des 20. Jahrhunderts (vgl. Hagner und Hörl 2008a) und transhumanistische Ideale der Optimierung, die ihrerseits wiederum an gentechnologische und kybernetische Diskurse anzuschließen suchen. Miteinander ins Verhältnis gesetzt, bilden diese drei Bereiche – Kybernetik, Genetik und Transhumanismus – das Fundament für populärkulturelle Manifestationen der Informatisierung des Körpers und der entsprechenden Interpretation der damit verbunden soziokulturellen Konsequenzen für technologisch geprägte gesellschaftliche (Wissens-)Ordnungen.

Information avanciert in meinem Betrachtungshorizont somit zu einer essenziellen ontologischen Kategorie, wie dies bereits vor einigen Jahrzehnten Claude E. Shannons mit seiner mittlerweile zum Standardwerk der Informationstheorie avancierten *Mathematical Theory of Communication* ([1948] 2001) vorgedacht hat. Shannon hat damit den Grundstein dafür gelegt, die technische Ebene im Kommunikationsprozess von der Bedeutungs- und Auswirkungsebene bei Rezipient_innen abzukoppeln, wodurch der Blick auf medientechnische Bedingungen der Informationsübertragung selbst gelenkt wird. Ob eine nachvollziehbare Botschaft oder einfach nur Buchstabenreihen übermittelt werden, ist für die mathematische Kommunikationstheorie nicht weiter relevant. Es geht schlicht um die Übertragung als solche und die damit verbundene bzw. dadurch virulente „Herrschaft der Codes" (Siegert 1993, S. 291). Dies gilt es auch in Hinblick auf das Potenzial der Politisierung des kybernetischen Körpers der Populärkultur (als

1 Einleitung

Essenz eines Beschreibungsmodus der Informatisierung des Körpers) genauer zu betrachten. Manuel Castells hat mit seinem Ansatz der Informationsgesellschaft bereits einen entsprechenden soziokulturellen Rahmen für eine gesellschaftliche Transformation vorgegeben, wenn er behauptet, dass Informationstechnologie mittlerweile nicht mehr nur Gesellschaft bestimme, sondern geradezu definiere. Heutzutage sei doch Wohlstand, Macht und Wissen im großen Maße abhängig von der gesellschaftlichen Fähigkeit, die Vorzüge und Leistungen neuer Technologien nutzbar zu machen, verankert in der Mikroelektronik, im Computing und der digitalen Kommunikation – „with its growing connection to the biological revolution and its derivative, genetic engineering" (Castells 2005, S. 3). Die immense Reichweite des informatischen Regimes computertechnologischer Prozessierung – vom simplen Textverarbeitungsprogramm (ohne das heute fast keiner mehr auszukommen scheint, wie es manchmal den auch verhängnisvollen Anschein hat) bis hin zu elaborierten geninformationstechnologischen Modifikationen biologischer Verfahren – verändert das Verständnis von Gesellschaft, Kultur und nicht zuletzt des menschlichen Körpers nachhaltig. Wenn alles auf seine informatische Basis gebracht werden kann, ist die Bearbeitung, Steuerung und Kontrolle zunächst vermeintlich konsequent Sache von Computertechnologie (und digital vernetzter Agency der Datenprozessierung). Bei näherer Betrachtung jedoch gilt gerade der Wechselseitigkeit von Human und Information Agency verstärkte Aufmerksamkeit. In diesem Sinne soll das Prinzip der Informatisierung des Körpers innerhalb einer kybernetischen Kultur verstanden werden, wenn die populärkulturellen, fernsehseriellen Imaginationen und Interpretationen der verschiedenen Aspekte und Implikationen eines demgemäß virulenten informatischen Regimes im Folgenden analysiert werden. Fernsehserien stellen dabei das abstrakte Verhältnis von Mensch/Körper, Kultur und Gesellschaft zu Informationsverarbeitung auf eine anschauliche und narrativ nachvollziehbare Art und Weise vor.

Speziell die nordamerikanische Fernsehserie hat die Manipulation und Optimierung des Menschen durch informationstechnologische Entwicklungen schon früh nach dem Auftauchen gerade der Kybernetik in der Mitte des letzten Jahrhunderts zum Thema gemacht – wenn wir etwa an Serien wie *The Six Million Dollar Man* (ABC, 1973/1974–1978) oder *The Bionic Woman* (ABC, 1976–1977) denken. Auch die gentechnische Intervention in den menschlichen Körper unter Vorzeichen seiner informatischen Verfasstheit ist fernsehseriell visioniert und gedeutet, kritisiert und auch destruiert worden – beispielsweise in Serien wie *Dark Angel* (Fox 2000–2002) oder auch unter nanotechnologischen Vorzeichen in *Star Trek: The Next Generation* (Syndicated, 1987–1994) mit der Vorstellung der Borg als vernetzte kybernetische Drohnen mit prinzipieller gentechnologisch determinierter Assimilations- oder ansonsten eben ziemlich militärischer Zerstörungsagenda. Die explizite wie implizite (kritische) Befassung mit einer (trans- und/oder posthumanistischen) Optimierungs- und Leistungsideologie ist allen Serien stets mitgegeben. Damit offenbart die nordamerikanische Serie letztlich immer schon ihre Befähigung und ihr Potenzial zur Verarbeitung und Kritik virulenter gesellschaftlicher Herausforderungen; selbst zu so diffizilen Diskursentwicklungen wie einer Informatisierung und genetischen Programmierung des menschlichen Körpers sowie einer informationstheoretischen Bestimmung kultureller und gesellschaftlicher Ordnungen.

Während in den letzten Jahren eine Auseinandersetzung mit US-Fernsehserien vor allem unter dem nichtssagenden Label des ‚Quality-TV' erfolgt, um eine willkürlich zugeschriebene kulturelle Nobilitierung bestimmter Serien gegenüber dem vermeintlich schäbigen „‚regular' TV" (Thompson 1997, S. 13) vorzunehmen (zur Kritik vgl. u. a. Brunsdon 1990; Nelson 2006; Stollfuß 2012; Rothemund 2013, S. 18 ff.), geht es mir um eine ‚holistischere Sichtweise' auf nordamerikanische Fernsehserien. In einer historisierenden analytischen Lesart soll die nordamerikanische TV-Serie grundsätzlich als populäre Medienerzählung ernst genommen werden in Hinblick auf ihren „konstitutiven Einfluss" auf „gesellschaftliche ‚Selbstverständigungsdiskurse' und ‚Selbstbeschreibungen'" (Kleiner 2012, S. 13) – hier im Besonderen jedoch angesichts des Themas der Informatisierung von Mensch und Gesellschaft. Dass es sich dabei um die nordamerikanische TV-Serie im Speziellen dreht, ist nicht willkürlich gewählt, sondern begründet durch den für die westliche Fernseh- und Medienkultur nachhaltigen Einfluss dieser Serien. So haben doch im Speziellen US-Serien die soziokulturelle Interpretation des Themas und auch die Aneignungsprozesse von Wissen hinsichtlich einer kybernetischen und genetischen Manipulation und Verbesserung von Menschen und Gesellschaft kontinuierlich beeinflusst, wenn wir neben den bereits genannten (auch nur beispielhaft) an weitere Serien denken wie etwa *Max Headroom* (ABC, 1987–1988), *Mann & Machine* (NBC, 1992), *RoboCop: The Series* (Syndicated, 1994), *M.A.N.T.I.S.* (Fox, 1994–1995), *Space: Above and Beyond* (Fox, 1995–1996), *Star Trek: Voyager* (UPN, 1995–2001), *Stargate SG-1* (Showtime und Syfy, 1997–2007), *Andromeda* (Syndicated, 2000–2005), *Mutant X* (Syndicated, 2001–2004), *Battlestar Galactica* (Syfy, 2004–2009), *Terminator: S. C. C.* (Fox, 2008–2009), *Dollhouse* (Fox, 2009–2010), *Caprica* (Syfy, 2010), *Person of Interest* (CBS, 2011–), *Continuum* (Showcase, 2012–2015), *Orphan Black* (Space/BBC America, 2013–), *Almost Human* (Fox,

1 Einleitung

2013–2014) oder *Intelligence* (CBS, 2014). Noch in diesem Jahr ist ein neuer Versuch mit *Second Chance* (Fox, 2016–) ins Rennen geschickt worden. Alle diese Serien prägen doch auf unterschiedliche Art und Weise – und auch unterschiedlich erfolgreich – die Vorstellungen und das kulturelle Wissen über eine informationstechnologische Intervention in den menschlichen Körper und die gesellschaftliche Ordnungsmechanik. Vor allem aber zeigen sie, dass diese Form der kulturellen Auseinandersetzung mit der Manipulation von Mensch, Kultur und Gesellschaft durch Informationstechnologien eine drängende, eine nicht abschließbare Frage darstellt. Die gesellschaftliche Produktivkraft der nordamerikanischen Fernsehserie möchte ich deshalb – in Ergänzung zu den Definitionsmerkmalen, die Jason Mittell (2010, S. 2) noch für das US-Fernsehen insgesamt vorgelegt hat – wie folgt benennen:

1. Nordamerikanische Fernsehserien – im Network-TV, im Basic-Cable-TV, im Premium-Cable TV, auf DVD und mittlerweile auch auf verschiedenen, teilweise auch direkt zu den TV-Sendern gehörenden Onlineplattformen – sind Teil einer international agierenden kommerziellen Kulturindustrie mit immenser weltweiter Distributions- und Rezeptionsreichweite.
2. Nordamerikanische Fernsehserien setzen sich in unterschiedlichster Art und Form mit jeweils zeitgenössischen gesellschaftlichen Herausforderungen auseinander, produzieren als populärkulturelle Produktionen (mit verschiedenen Unterhaltungsfunktionen) Bedeutungen und rufen auf diese Weise auf der Seite von Zuschauer_innen (in besonderer Form: Fans) spezifische Haltungen zum jeweils präsentierten Thema hervor.
3. Nordamerikanische Fernsehserien sind das Ergebnis einer spezifischen Form des kreativen arbeitsteiligen Schaffensprozesses mit unterschiedlichen (komplexen) Formen des seriellen Erzählens (vgl. Newman 2006; Weber und Junklewitz 2008; Smith 2011; Rothemund 2013; Mittell 2015), die den historischen Entwicklungen tradierter Muster und Konventionen des Serial Storytellings (noch) für das Medium Fernsehen und dessen Differenzierungs- und Diversifikationsprozessen geschuldet sind. Auch wenn die Serie sich gegenwärtig im medialen Wandel befindet (vgl. Kirschbacher und Stollfuß 2015), kann das Fernsehen als medienhistorische und -kulturelle Referenz vorerst auch weiterhin nicht aus dem Betrachtungshorizont ausgeschlossen werden.
4. Nordamerikanische Fernsehserien bieten durch ihre Figuren, Storyworlds, zentralen Konflikte etc. eine Plattform für kulturelle Dekordier- und Aneignungsprozesse (vgl. Hall 1980; Fiske und Hartley 1978; Fiske 1988) hinsichtlich unterschiedlicher Präsentationen und Interpretationen weltlicher,

nationaler, historischer, soziokultureller und identitätsbezogener Aspekte des modernen Lebens innerhalb der seriell verfertigten Werte- und Normensysteme an.

5. Nordamerikanische Fernsehserien beeinflussen (gerade auch infolge ihrer internationalen Präsenz) als populäre, die Alltagskultur begleitende Medienerzeugnisse subjektive wie kollektive Wahrnehmungsweisen und Wissensordnungen in Hinblick auf die jeweils fernsehseriell verarbeiteten Themen, was sie zu starken Seismografen für, aber auch Motoren der kritischen und kulturellen Selbstbeschreibung macht.

6. Nordamerikanische Fernsehserien sind immer schon den dynamischen Entwicklungen und Innovationen durch vor allem technologische Neuerungen und den damit veränderten Mediennutzungsformen unterworfen gewesen. Das hat auch die Medialität und kreativkultürliche Erscheinung der Serie selbst (etwa in Erzählweise oder Bildästhetik bzw. Stil; vgl. Caldwell 1995) immer wieder, spätestens aber seit den 1980er Jahren kontinuierlich beeinflusst (vgl. u. a. Expansion des Kabelfernsehens wie Satellitenempfangs und Ausbildung eines zielgruppenspezifischeren Nischenprogramms, Entwicklung und Verbreitung des Videorekorders, des digitalen Festplattenrekorders mit elektronischem Programmführer und integrierter Serienaufnahmefunktion sowie schließlich der DVD und jüngst auch von Onlineformaten als Video-on-Demand oder Download) – was natürlich auch die Art und Weise stetig verändert, wie Serien von Zuschauer_innen ‚gebraucht' werden.

Mit Blick auf die kontinuierliche Beobachtung und diegetische Verarbeitung von sowie die spezifisch serielle Form der Kritik im Umgang mit komplexen gesellschaftlichen Herausforderungen ist der nordamerikanischen Fernsehserie doch eine unmittelbare Vigilanz zuzuschreiben, die sie zum Gradmesser kollektiver soziokultureller Wahrnehmungs- und Aneignungsformen wie auch Wissensordnungen macht.

Das vorliegende Buch fasst dabei Genetik und Kybernetik (mit ihren auch jeweiligen transhumanistischen Deutungsimplikationen) als Bestandteile einer gemeinsamen Populärkulturgeschichte der computertechnologischen Informatisierung innerhalb der nordamerikanischen Fernsehserienkultur zusammen. Hierzu ist das Buch in vier thematische Kapitel aufgeteilt, die aufeinander aufbauend die verschiedenen Implikationen des Regimes der Informatisierung behandeln. Im ersten thematischen Kapitel wird zunächst der Beschreibungsmodus der Informatisierung des Körpers selbst vorgestellt. Im Anschluss an die Überlegungen zum Konzept der Biomedien des Philosophen Eugene Thacker befasst sich das

1 Einleitung

Kapitel mit der geninformationstechnologischen Reduzierung des Menschen auf seine ‚Basisdaten' (den genetischen Code) und die hierdurch epistemologisch forcierte Austauschbarkeit von genetischem und digitalem Code zur computerbasierten Prozessierung. Anhand der Analysen der beiden US-amerikanischen Serien *The Six Million Dollar Man* (als erste, die einen Cyborg erfolgreich zum Protagonisten einer Serienhandlung machte) und *Dark Angel* (die immerhin in einer Zeit entstand, in der das Forschungsvorhaben ‚The Human Genome Project' öffentliche Aufmerksamkeit genoss) soll beispielhaft dargelegt werden, wie die Verschränkung von Mensch und Informationstechnologien anschaulich und populärkulturell nachvollziehbar gemacht wird. Im zweiten thematischen Kapitel wird die Ausbildung einer kybernetischen Kultur des Populären diskutiert. Die Informatisierung des Körpers fügt sich nahtlos ein in die seinerzeit von Max Bense ([1951] 2000, S. 475–476) geforderte „kybernetische Erweiterung" im Sinne einer Erschließung der „Feinstruktur von Welt". Erst in der populärkulturellen Auslegung jedoch wird das erkenntnistheoretische Ansinnen der Kybernetik (die als Universalwissenschaft bereits in der zweiten Hälfte des letzten Jahrhunderts wieder verschwand) als nachhaltiges Thema und Wissenskultur manifest. Nach einem Exkurs in die Historie der Kybernetik wird anhand der kanadischen Serie *Continuum* (die zu den jüngsten erfolgreichen seriellen Erzählungen über die Hybridisierung von menschlichem Körper und Informationstechnologie gehört) sowie der US-amerikanischen Serie *Person of Interest* (welche die kybernetische Ausdehnung bis in die „Feinstruktur von Welt" noch aktuell am deutlichsten zur Anschauung bringt) vorgestellt und diskutiert, inwiefern die Informatisierung des Körpers *(Continuum)* und die kybernetische Totalperforation und -überwachung der gesellschaftlichen Ordnung *(Continuum* und *Person of Interest)* fernsehseriell gedeutet und vor allem kritisiert werden.

Im dritten thematischen Kapitel wird der Verschränkung von Mensch/Körper und Kultur/Gesellschaft durch die informatische Re-Interpretation von ‚DNA-Narrativen' (Eder 2011) eine weitere Ebene hinzugefügt Dies erfolgt durch die Auseinandersetzung mit zwei hierfür wesentlichen Themenkomplexen: 1) die Repräsentation von Wissenschaft und der dort virulenten Darstellung einer Informatisierung des Körpers als Teil technowissenschaftlicher Praktiken sowie 2) die Inszenierung von Klonen und der damit verbundenen motivischen Symbolisierung (vgl. Wulff 2001) im Horizont der Informatisierung. Für den ersten Themenkomplex wird hauptsächlich die US-amerikanische Serie *CSI: Crime Scene Investigation* (CBS, 2000–2015) hinsichtlich ihrer wohl nachhaltigsten Manifestation einer populärkulturellen Technoscience als Paradigma einer Wissenschaft – und in diesem Fall eben auch gesellschaftlichen

Ordnungsmacht – im 21. Jahrhundert (der Informationsgesellschaft) untersucht. Die technowissenschaftlichen Praktiken innerhalb der Serie produzieren allerdings einen kybernetischen Körper durch die audiovisuelle Ästhetik der Zerlegung und vor allem durch die gentechnologische Beweisführungsrhetorik nicht primär als Maßstab für human-technologische Manipulation und Optimierung des menschlichen Körpers selbst zum Zwecke seiner Leistungssteigerung. Vielmehr steht der kybernetische Körper hier für ein technowissenschaftliches Ideal, das die wissenschaftliche Arbeit massiv affiziert, wenn Evidenz und daraus Wissen exklusiv durch informationstechnologische Verarbeitungsverfahren von (gerade genetischen) Daten überhaupt erst ratifiziert werden kann. Für den zweiten Themenkomplex wird die gegenwärtig sehr erfolgreiche kanadische Serie *Orphan Black* analysiert, die dem Motiv der Klonerzählung vor dem Hintergrund der computerbasierten Austauschbarkeit von genetischem und digitalem Code spezifische Facetten hinzufügt, wodurch die Serie von filmischen Erzählungen – und deren Prägedominanz von Klonen in der Populärkultur – abzuheben ist. Das vierte und letzte thematische Kapitel klärt die Voraussetzungen für die Diskussion einer Politisierung des kybernetischen Körpers in seriellen Fiktionen. Vor dem Hintergrund der von Donna Haraway (1995) prominent vorgestellten Politik des Cyborgs, aber auch unter Berücksichtigung weiterer Verflechtungen von *Politics and Popular Culture* (Combs 1984, auch Nieland 2009 sowie Kleiner und Anastasiadis 2011) gilt es dabei auch, in einer historisierenden Lesart nordamerikanische TV-Serien im Horizont gegenwärtiger Populärkulturforschung (vgl. u. a. Kleiner 2012, 2008; Hügel 2003a) aufzuarbeiten. Im Fazit werden schließlich das divergierende Potenzial der Politisierung des kybernetischen Körpers in den vorgestellten nordamerikanischen Fernsehserien akzentuiert und die unterschiedlichen Aspekte der Politisierung des kybernetischen Körpers mit den verschiedenen Bestandteilen des Regimes der computertechnologischen Informatisierung ins Verhältnis gesetzt.

Informatisierung des Körpers 2

Verfahren technologischer Eingriffe in biologische Prozesse des menschlichen Körpers markieren bekanntlich ein streitbares Feld innerhalb der modernen und nachhaltig computertechnisch geprägten Welt. Wenn sich das „Biologische, das Lebendige […] mechanisiert" und zum „Ort eines technischen Vorgehens" wird, wie beispielsweise Michel Tibon-Cornillot (1982, S. 146) bereits im letzten Jahrhundert die Zeit „transfigurativer Körper" (Tibon-Cornillot 1982) herannahen sah, werden unsere „Vorstellungssysteme" oder „konzeptuelle[n] Netzwerke aus Annahmen über menschliche Merkmale" (Barsch und Hejl 2000, S. 11) medientechnisch neu interpretiert. Wie also Mensch sein kann (oder vielleicht besser sein soll), bestimmen danach moderne Technologien. Dabei geraten vor allem Ideen und Fantasien der Überwindung biologischer Grenzen in den Fokus der Betrachtungen. Die *Transformation des Humanen* (Hagner und Hörl 2008a) geht eben nicht selten Hand in Hand mit Hypothesen um das Erodieren der Grenzen zum Nicht-Menschlichen (etwa zum Tier oder eben zu moderner Technik).[1]

---

[1]Vgl. hierzu auch die von Marie-Luise Angerer und Karin Harrasser redaktionell betreute Schwerpunktausgabe „Menschen & Andere" der *Zeitschrift für Medienwissenschaft* 4 (2011): „Differenzierungen zwischen Mensch, Tier und Maschine liegen dem abendländischen Humanismus zugrunde – und sie sind genauso wie die Träume der Entdifferenzierung durch mediale Techniken informiert", heißt es auf dem Klappentext des Heftes. Vorstellungen, Ideale oder eben Träume sowohl der *Unter*scheidung und *Ent*scheidung (was charakterisiert den Menschen im Unterschied zum Tier und zur Maschine?) als auch gerade der Aufhebung dieser Trennung (die sodann unterschiedliche Manifestationen von Mischwesen entstehen lassen) rekurrieren auf Annahmen über Potenziale und Qualitäten avancierter Medientechniken, die immer wieder als Ausgangspunkt und Basis für beide Ansichten – der Differenzierung wie die Entdifferenzierung – herhalten (müssen).

© Springer Fachmedien Wiesbaden 2017
S. Stollfuß, *Cyborg-TV*, Serienkulturen: Analyse – Kritik – Bedeutung,
DOI 10.1007/978-3-658-14472-2_2

In der Verschränkung von Mensch und Technologie allerdings bildet gerade der Körper das zentrale Interface, das nicht überwunden werden kann. „Körper- und Mediendiskurse hängen aufs engste zusammen und interpretieren sich gegenseitig" (Schneider 2000, S. 15). Mit dem „Eintreten eines neues Mediums in der Mediengeschichte" sind bislang noch stets „auch Rang und Rolle des Körpers verändert worden" (Schneider 2000). Medientechnologien mithin „definieren sich stark über die Wechselwirkungen mit dem menschlichen Körper und hierdurch mit den Körperkonzepten, die in diesen zum Ausdruck kommen" (Missomelius 2010, S. 67). Anthropologische und medientechnische Diskurse synthetisieren dabei und lassen letztlich futuristische Hybridwesen entstehen, über die die beschworenen Wechselwirkungen zwischen Mensch und Technologie als auch die Veränderungen in Rang und Rolle des Körpers unmittelbar evident werden: Künstliche Menschen, Cyborgs, Maschinenmenschen, postbiologische Körper. Sie bevölkern sowohl wissenschaftliche Diskursräume als auch – und gerade – populärkulturelle audiovisuelle Erzählungen. Diese Hybridwesen explizieren jedoch nicht nur einfach die Chancen auf eine (möglichst erfolgreiche) Verbindung von Mensch und moderner Technologie. Ihnen ist auch die zentrale Motivation inhärent, mit dem Hybriden, dem Vermischen von Körper und Maschine, die Grenzen der ‚Natur' zu überschreiten und an der Perfektionierung des Menschen als postbiologischem Geschöpf zu arbeiten. Futuristen und Technikeuphoriker wie Ray Kurzweil zum Beispiel sehen in der modernen Technologie revolutionäres Potenzial: Technik soll Evolution transzendieren und der Mensch wird nach der technologischen Singularität (Kurzweil 2005) durch ein sich exponentiell ausdehnendes Wissen über die Möglichkeiten der Grenzüberschreitung von Technologie eine neue Verfasstheit erreichen. Auch der Neurowissenschaftler Randal Koene (2011, o. S.) sieht in der digitalen Technik Chancen auf die rasante Optimierung kognitiver Verarbeitungsprozesse des Gehirns und beschwört: „Imagine a mind that can think many times faster than we do now, and can access knowledge databases such as the Internet as intimately as we access our memories now. […] we are interested in man-machine merger, or rather in the ability of man to keep pace with machine and share the future together".

Um die mitunter äußerst abstrakten Zusammenhänge in Hinblick auf die Verknüpfung zwischen Mensch und Medientechnik in eine fass- und damit begreifbare Form zu überführen, ist die Auseinandersetzung mit populären Erzählungen wie Spielfilmen und insbesondere Fernsehserien zentral. Als alltagsbegleitende (Massen-)Medien formen, verbreiten und prägen gerade Fernsehserien Vorstellungen über menschliche Eigenschaften – vulgo: Menschenbilder (vgl. Eder et al. 2013, S. 1 ff.) – und beeinflussen auch massiv Wandlungs- und Perfektionierungsfantasieren über den ‚zukünftigen Menschen'. Fantasien dieser Art richten sich

2 Informatisierung des Körpers

noch stets nach dem gegenwärtigen und prospektiv imaginierten Potenzial technologischer Entwicklungen, wobei nicht selten unheildrohende Visionen künftiger gesellschaftlicher Bedingungen in öffentlichen Diskursen und populärkulturellen Erzählungen zu dominieren scheinen. „Immer wenn symbolische Ordnung und gesellschaftliche Praxis krisenhaft auseinanderklaffen", schreibt dementsprechend Randi Gunzenhäuser (2006, S. 256), „entstehen Bilder von Maschinenmenschen, die Grenzziehungen bedrohen oder sogar durchbrechen und so hysterische Körper- und Mediendiskurse aufrufen." In Zeiten des gesellschaftlichen Umbruchs im Zusammenhang mit medialen Innovationen und Wandlungsprozessen verdichten sich Mensch-Maschine-Verbindungen zu Angstbildern über das, was auf den Menschen vermeintlich zukommen mag. Durch den zunehmenden und gleichzeitig weitreichenden Einsatz von Robotik, Gentechnik, Bio- und Nanotechnologie erscheint dabei eine Machtübernahme durch Maschinen bzw. Technologien – und damit die Unterdrückung des Menschen – unabwendbar. „Why the future doesn't need us", klärte deshalb auch Bill Joy (2007) zur Jahrhundertwende auf und erklärt den Mensch vor dem Hintergrund verschiedener technologischer Innovationen zur gefährdeten Spezies. Das realistische (und gerade deshalb zumeist Unheil drohende) Szenario intelligenter Roboter am beginnenden 21. Jahrhundert forciert ein sich hartnäckig haltendes Angstnarrativ, dass die Populärkultur prominent in regelmäßiger Wiederkehr seit den 1980er Jahren auf eine zentrale Figur gebracht hat: den Terminator. Der allerdings erst im vierten Teil der Reihe *Terminator Salvation* (2009) tatsächlich als Mensch-Maschine-Hybrid – und nicht ‚nur' als menschlich aussehender Roboter – auftaucht. Marcus Wright (gespielt von Sam Worthington) weiß allerdings selbst erst im Moment seiner brutalen Enttarnung als Cyborg, dass er zur Schachfigur im perfiden Spiel zukünftiger Technikmacht geworden ist (Abb. 2.1).

Was einem dystopischen Denken über die Unterdrückung des Menschen durch Maschinen in die Hände zu spielen scheint, erweist sich bei näherer Betrachtung indes als gerade nicht so eindeutig. Denn die Figur Wright unterläuft die vielfach aufgestellte These, dass Mensch-Maschine-Hybride mit destruktiven Kräften eng zu führen sind und am Untergang der Menschheit mitarbeiten. Mit Marcus Wright offenbart sich nämlich eine doppelt besetzte Figurenkonstruktion einer Person, der sich später zwar wider besseres Wissen als Cyborg entpuppt, seine ‚menschliche Seite' allerdings als die wesentliche ‚empfindet' und schließlich sein noch organisches Herz spendet, um das Leben des Revolutionsführers John Connor (gespielt von Christian Bale) zu retten, während er selbst stirbt. Hier zeigt sich der Entwurf eines Vexierbildes hysterischer Mensch-Maschine-Darstellungen (gerade mit Blick auf die Verhältnismäßigkeit der Agency des Menschen und der Technologie), insofern in Wright sowohl die Angst und zerstörerische Bedrohung,

Abb. 2.1 Still aus *Terminator Salvation* (2009): Marcus Wright wird als Cyborg enttarnt. (© Columbia Pictures)

aber auch – und vielleicht sogar in erste Linie – die Hoffnung auf Erlösung im Cyborg kulminieren (vgl. auch Stollfuß 2013). Die Bedrohung einer technologischen Übermacht der Terminator kehrt sich dabei gerade gegen das militärische Technikheer, indem der Cyborg Wright die Anlagen der militanten Technik zum Schutze des Humanen einsetzt und schließlich den letzten Rest Menschlichkeit verschenkt – zum Wohle des Widerstandes. Den „human-machine nexus", den J. M. van der Laan (2006, S. 33) für den zweiten und dritten Teil auf der symbolischen Ebene der Interaktion zwischen dem Terminator-Modell ‚der ersten Generation' und den Connors beschreibt, verschiebt sich also im vierten Sequel auf die Ebene des Bauplans Marcus Wrights selbst. Aus dem diabolischen Imitationsspiel technologischer Militärpolitik entwickelt sich eine Bewusstseinsrückkopplung des im doppelten Sinne unterrepräsentierten Humanen, womit der ‚Durchformung' von Mensch und Maschine (vgl. Rieger 2000) performativ der Geist wieder eingetrieben wird. Diese Filme, so van der Laan (Rieger 2000, S. 31), „integrate us into and adjust us to a certain desired pattern, specifically, the pattern of technological culture." Eine „technological culture" jedoch, die sich gerade nicht als eine durch Medientechnik regierte offenbart, sondern im Prozess symbolischer Gleichzeitigkeit von Mensch und Maschine ihr Potenzial entfaltet. Hier deutet sich bereits an, dass die Verschmelzung von Mensch und Maschine eine sehr wohl vielschichte Bedeutungsproduktion enthüllt, die im Weiteren dieses Buches noch eine ausgestellte Rolle spielen wird.

Zunächst ist allerdings zu klären, auf welche Weise die Vermischung von Mensch und Maschine, von Biologie und moderner Technologie als a) Wechselwirkung zwischen Körper und Medien zum Ausdruck kommt, b) welche

2 Informatisierung des Körpers

Veränderungen damit in Hinblick auf den Rang und die Rolle des menschlichen Körpers selbst verbunden sind und inwiefern gerade c) die Informatisierung des Körpers den strategischen Ausschlag darstellt. Im Folgenden werde ich meine Auffassung von der Informatisierung des Körpers erläutern. Damit ist ein ‚Beschreibungsmodus' gemeint, mit dem das *Wie* der Zusammenbringung von Mensch und Technologie auf eine komprimierte informationstheoretische Formel gebracht werden soll. Ich orientiere mich dabei an der Idee der „Biomedien", die Eugene Thacker (2003a, 2004) entwickelt hat. Thacker interessiert im Wesentlichen, welche Konsequenzen die Informatisierung der Lebenswissenschaften – und damit die informationstheoretische Lesbarmachung des Körpers auf der Ebene des (genetischen) Codes – für ein demgemäß neues Verständnis des menschlichen Körpers aus (bio-)informationstheoretischer Sichtweise hat. Dabei scheint es eine fundamentale Gleichwertigkeit zu geben zwischen dem genetischen und dem Computercode – oder anders gewendet: zwischen dem biologischen und dem computertechnologischen, digitalen Bereich. Und zwar dergestalt, dass beide vermeintlich austauschbar seien mit Blick auf deren Materialität und Funktion im Prozess codebasierter Rechenbarkeit. „Put briefly, ‚biomedia' is an instance in which biological components and processes are technically recontextualized in ways that may be biological or nonbiological. Biomedia are novel configurations of biologies and technologies that take us beyond the familiar tropes of technology-as-tool or the human-machine interface" (Thacker 2004, S. 5–6).

Für meine Überlegungen wiederum ist die *populärkulturelle Übersetzung* der informationstheoretischen, vermeintlich ‚absoluten Vergleichbarkeit' von Mensch (im Sinne seines genetischen Codes) und moderner Technologie (mit Blick auf den Computercode) wesentlich. Und dabei konkret: Wie bringen nordamerikanische Fernsehserien die Informatisierung des Körpers audiovisuell hervor und welche Bedeutungsebenen sind damit verbunden bezüglich der Wechselseitigkeit von Mensch und Medientechnologie/-innovation sowie des Rangs und der Rolle des Körpers? Wie also kann man sich das vorstellen, wenn Mensch und Computer – heruntergebrochen auf eine essenzielle Basis als (nur noch) Code – unter Voraussetzungen computerbasierter Rechenprozesse ‚re-kontextualisiert' und perspektivisch auch jenseits der üblichen Darstellungen und Verständnisbereiche von ‚Technik-als-Werkzeug' und ‚Körper als Interface (in der Mensch-Maschine-Interaktion)' gedacht werden (können)?

Da sich der Beschreibungsmodus der Informatisierung des Körpers als eine *zentrale Denkfigur* durch das ganze Buch zieht, werde ich diese im Rahmen des nachstehenden Kapitels zunächst an zwei Serienbeispielen vorstellen: der frühen Serie *The Six Million Dollar Man* (ABC, 1973/1974–1978) sowie der Produktion *Dark Angel* (Fox, 2000–2002), die in der Zeit der internationalen Forschung zum

Human Genome Project entstand. Dabei sollen zum einen die unterschiedlichen Facetten der Informatisierung des Körpers und zum anderen die unmittelbare Verbindung von Kybernetik und Genetik diskutiert werden.

2.1 The Six Million Dollar Man

Die US-amerikanischen Serie *The Six Million Dollar Man* führt die Wechselseitigkeit von Mensch und Technologie sowie die damit verbundene Veränderung in Rang und Rolle des Körpers mit der Hauptfigur Colonel Steve Austin (gespielt von Lee Majors) geradezu mustergültig vor. Der NASA-Astronaut Austin wird nach dem Absturz mit einem experimentellen Flugzeug in einer Notoperation mit bionischen Implantaten ausgestattet. „We can rebuilt him. We have the technology. We can make him better than he was. Better, stronger, faster", heißt es im Vorspann. Aus dem Astronaut Steve Austin wird ein Cyborg, der erste Protagonist einer auf drei Fernsehfilme (1973) folgenden Serienhandlung (1974–1978) noch dazu. Während Manfred Clynes und Nathan Kline noch im Jahr 1960 mit dem Cyborg die ‚Harmonisierung' von Mensch und Maschine zur tatsächlichen Verbesserung der Weltraumfahrt von Astronauten im Blick hatten – „Altering man's bodily functions to meet the requirements of extraterrestrial environments would be more logical than providing an earthly environment for him in space" (Clynes und Kline 1960, S. 26) –, kehrt die fiktive Figur Austin diese Logik praktisch um. Die Optimierung des Colonels führt ja gerade nicht dazu, ihm die Weltraumreise zu erleichtern, sondern der Cyborg der Serie *The Six Million Dollar Man* hat – nach seinem missglückten Flug (Abb. 2.2) – eine Reihe von Missionen auf sehr irdischem Territorium zu erfüllen.

Um sein Leben nach dem Absturz zu retten, wird sein Körper Stück für Stück mit bionischen Prothesen ausgestattet (Abb. 2.3). Um sein Leben zu retten ist es vor allem legitim, das Wissen über die Möglichkeiten moderne Technologie zur Errettung des Menschen zu nutzen. Und da man schon einmal dabei war, ist der Körper des Cyborgs Austin auch nicht nur einfach ein Mensch-Maschine-Hybrid, sondern ein besserer dazu: better, stronger, faster eben.

Die Wechselwirkungen zwischen Mensch und Technologie zeigen sich in diesem Fall auf mehreren Ebenen. Ohne die unmittelbare Nutzbachmachung moderner Technik *in Bezug auf* den Menschen, so der offenkundige Eindruck, scheint technologische Innovation so lange bedeutungslos, wie ihre Zielgerichtetheit nur mittelbar ist. Erst durch die Anwendung am menschlichen Körper wird Medieninnovation also überhaupt erst von Belang und technologische Möglichkeit manifest. Dabei bringt *The Six Million Dollar Man* ein zutiefst positivistisches Bild experimentell-technologischer Prozesse zur Anschauung, indem der ‚Glaube' an

2.1 The Six Million Dollar Man

Abb. 2.2 Der Absturz des Steve Austins in *The Six Million Dollar Man*. (© ABC)

die Verbesserungsleitungen moderner Technologie als unhinterfragt vorgeführt und zugleich die Verbindungsqualität der Technik mit dem menschlichen Körper als problemlos umsetzbar audiovisuell performiert wird. Austins Prothesen werden so auch im Gewand einer Rhetorik des chirurgischen Fachwissens als nicht nur ‚optimierte' Körperteile vorgestellt, sondern auch als ‚keineswegs fremdartig' beworben: „This is your arm, Steve. It will be covered with skin that will match your skin in color, texture, the number of hairs on your forearm. The skin on the fingertips will have your fingerprints on them. Look at it, Steve. Steve, this is not

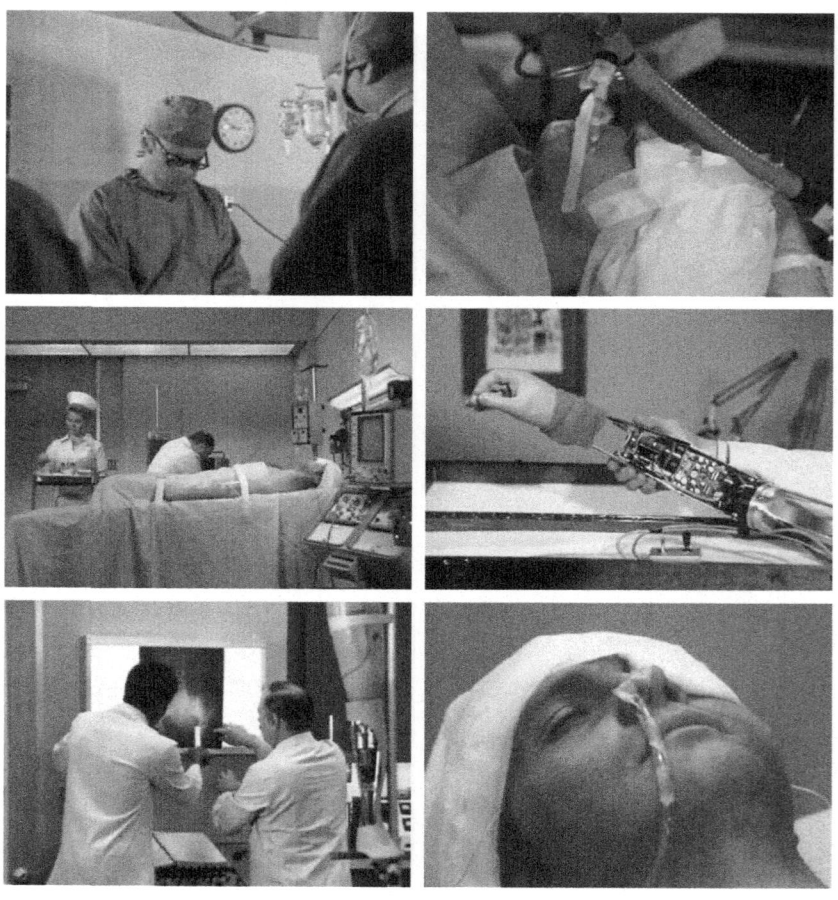

Abb. 2.3 Die Cyborg-Werdung von Steve Austin. (© ABC)

something alien. This is your arm" (*The Six Million Dollar Man: The Moon and the Desert, Part 1*, Min. 40:35–41:03). Die Cyborg-Werdung Austins wird mithin vollumfänglich als technikutopisches Narrativ im Sinne medizinisch-militärischer Forschungsfortschrittlichkeit anerkannt.

Folgerichtig hat das Konsequenzen für den Rang und die Rolle des Körpers. Nicht nur ist er prospektiv als verbesserte Vision das Wunschobjekt einer Überwindungsfantasie biologischer Begrenzungen des Körpers – die hier noch zwischen

2.1 The Six Million Dollar Man

militärischem Pragmatismus und humanitärer Heilsamkeit changiert –, sondern immer auch Primärreferenz von (populären) Legitimationsdiskursen moderner, experimenteller Technik überhaupt. Oder auf eine einfachere Formel gebracht: Ohne Körper keine Legitimation für technologischen Fortschritt, aber ohne technologischen Fortschritt auch keine Befreiung des Menschen aus der biologischen Begrenztheit seines Körpers. Es ist diese unauflösbare Wechselseitigkeit, die populäre Erzählungen regelmäßig auf den Bildschirm bringen. Gleichzeitig akzentuiert die Inszenierungsweise der ‚Cyborg-Werdung' Steve Austins schon die wesentlich informationswissenschaftliche Codierung der Optimierung des Menschen als Aufgabe computerbasierter Verarbeitung. Um den Körper des Protagonisten mit bionischen Implantaten aufwerten zu können – beide Beine, den rechten Arm und das linke Auge – muss die Biologie zunächst einmal in ihre (elektronischen) Informationsdaten zerlegt werden, um im virtuellen (Aus-)Bauvorgang Biologie und Technologie

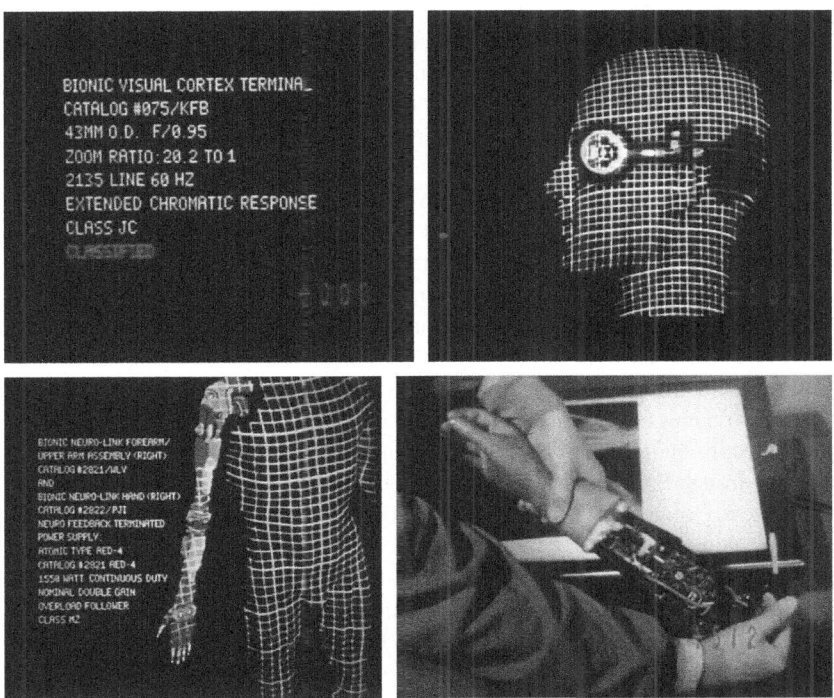

Abb. 2.4 Stills aus *The Six Million Dollar Man: The Moon and the Desert* (1973). (© ABC)

als sich wechselseitig durchdringende Steuer- und Regelverfahren im Körper zu synthetisieren (Abb. 2.4).

„Der ‚künstliche Mensch' – ob als Utopie, als Mythos oder als besonders attraktives Thema der Literatur und der Kunst – war und ist bis heute die Phantasmagorie einer Zivilisation", so Klaus Kreimeier (2000, S. 89), „die unablässig und mit ungewisser Perspektive an der Überwindung der Natur und an der Veränderung des Menschen arbeitet." Der Computer nun ist dabei „die vorläufig letzte Annäherung an die Idee von der vollkommenen Technizität der Natur und der vollkommenen Natürlichkeit der Technik" (Kreimeier 2000). Dabei gilt es immer auch zu beachten, dass ‚Natur' bzw. ‚das Natürliche' selbst als Entwurf zu begreifen ist, welcher sich nachträglich aus der Kultur heraus entwickelt hat und dem eine Kategorisierung vorausgeht (vgl. Gunzenhäuser 2006, S. 11; siehe auch Kap. 5 in diesem Buch). Die informationswissenschaftliche Lesbarmachung biologischer Prozesse in computerbasierten Verarbeitungsverfahren (alles ist Code!) lässt sich somit auch als ein Versuch verstehen, ‚Natur' als artifiziellen kulturhistorischen Entwurf ontologisch auszuheben (es ist eben doch nicht alles so, wie es ist!) und gleichzeitig das Konstruktionsparadigma sowohl natürlicher wie technischer Prozesse (alles sei, wie es – unter verschiedenen Voraussetzungen – sein soll!) funktional und letztlich erkenntnistheoretisch zusammenzulegen. Im Rahmen der Serie wird der Körper des Protagonisten vor diesem Hintergrund der Informatisierung und zugleich des Auswahlprinzips aus einem ökonomisierten, aber geheimen Bestandsverzeichnis (für sechs Millionen US-Dollar gibt es beispielsweise das bionische Auge „Katalog-Nr. 075/KFB" oder den bionischen Arm „Katalog-Nr. 2822/PJI") als Datengitter entworfen, in dem Körper und technologische Implantate passgenau auf eine korrekte Mathematik gebracht werden können. Infolge dieser doch recht reibungslosen Zerlegung des Menschen in seine elektronischen Informationsdaten scheint auch die Decodierung und Übertragung mentaler Prozesse von einem menschlichen Gehirn über einen Computer in eine androide Kopie des Menschen ziemlich fehlerfrei umsetzbar zu sein. In der Episode „Return of the Robot Maker" (Staffel 02, Episode 15) wird Oscar Goldman (gespielt von Richard Anderson) von Dr. Chester Dolenz (gespielt von Henry Jones) entführt und durch einen ihm durch und durch verwechselbaren Roboter ersetzt. Um an geheime Militärinformationen zu kommen, vermag Dolenz die Aktivitäten in Goldman Gehirn elektronisch zu decodieren (Abb. 2.5), die entsprechenden Informationen auf einen Computer zu überspielen (Abb. 2.5) und anschließend an seinen Roboter zu übertragen (Abb. 2.5). Auch das Bewusstsein und die Persönlichkeit Goldmans scheinen mühelos und ohne weitere Erklärungsbedürftigkeit in elektronische Daten überführbar und auf einen androiden ‚Avatar' überspielbar zu sein. *The Six Million Dollar Man* greift damit

Abb. 2.5 Stills aus der Episode „Return of the Robot Maker" (Staffel 02, Episode 15; 1975). (© ABC)

direkt die Ideen der Kybernetik auf, die im Jahr 1973 bereits ihrem jähen Ende als Universalwissenschaft entgegensah (umfassender hierzu siehe Kap. 3), und imaginiert zugleich die Idee des *mind transfers*, wie sie prominent vor allem von Hans Moravec allerdings erst Ende der 1980er Jahre (vgl. Moravec 1990, 1999) wissenschaftlich nachdrücklich eingefordert wurde und die innerhalb des transhumanistischen Diskurses noch bis heute die visionäre Agenda der Bewegung mitbestimmt.

Die Kybernetik als Wissenschaft, wie sie von Norbert Wiener, Warren S. McCulloch, Heinz von Foerster und anderen ab der Mitte des 20. Jahrhunderts geprägt wurde, geht von einer unmittelbaren Vergleichbarkeit künstlicher und biologischer Systeme im Regime der Informationsübertragen, -speicherung und -verarbeitung aus. In *How We Became Posthuman. Virtual Bodies in Cybernetics, Literature, and Informatics* (1999) hat sich gerade N. Katherine Hayles umfassend mit der Geschichte der Kybernetik auseinandergesetzt. Die forschungsstrategischen Prämissen und theoretischen Annahmen fasst sie (1999, S. 2–3) dabei als sogenannte posthumanistische Sichtweise („posthuman view") zusammen, die vor allem Informationsmuster gegenüber materiellen Exemplifizierung vorzieht, sodass Verkörperung innerhalb eines biologischen Trägermaterials nicht (mehr) zwingend als Unvermeidbarkeit des Lebens angesehen wird. Die körperliche ‚Präsenz' eines Menschen ist danach nicht mehr gezwungenermaßen auf ein biologisches ‚Trägermedium' angewiesen, sondern lässt sich auch als eine nicht-biologische, zum Beispiel computertechnologische ‚Präsenz' (oder eine Mischung aus beidem) denken. Darüber hinaus akzentuiert die posthumanistische Sichtweise den Körper als eigentliche Prothese, die wir zu manipulieren gelernt haben, sodass die Erweiterung des Körpers mit oder dessen Austausch durch andere/n Prothesen nur die Fortsetzung eines immer schon da gewesenen Prozesses darstellt. Die Manipulierbarkeit – die es kulturhistorisch auch schon weit vor technomathematischen Fantasien der Veränderung und Optimierung gegeben hat – wird hier zum Anlass genommen, das Diskurszentrum zu verschieben. Nicht mehr der Körper steht im Mittelpunkt, um den herum mit Prothesen unterschiedliche Erweiterungen geprobt und ausgeführt werden, sondern die Manipulation als (technik-)kulturelle Praxis selbst avanciert zum eigentlichen Zentrum aller Transformations- und Erweiterungsvorstellungen. Der biologische Körper wird dabei ‚nur noch' als eine Variante von Manipulationsformen begriffen, die sich kaum mehr von allen anderen materiellen Objekten, die zu manipulieren wir gewöhnt sind, zu unterscheiden vermag. Innerhalb dieser posthumanistischen Sichtweise wird der Mensch so auf eine Weise konfiguriert, die keine substanzielle Unterscheidung mehr vorsieht zu intelligenten Maschinen. „In the posthuman, there are no essential differences or absolute demarcations between bodily existence and computer simulation, cybernetic mechanisms and biological organism, robot teleology and human goals" (Hayles 1999, S. 3). Hayles sieht innerhalb der Kybernetik als Wissenschaft den Menschen abgelöst durch eine abstrakte, auf computerbasierten Verfahren ruhenden Perspektive, die in ihrer forschungsstrategischen Zielgerichtetheit Menschen durch posthumanistische Subjekte (einer elaborierten Informationstheorie) ersetzt; als Anordnung heterogener Komponenten im Sinne einer materiell-informatischen Entität, deren Grenzen fortwährend konstruiert und rekonstruiert werden können (Hayles 1999, S. 3).

Dieser Betrachtungsweise Rechnung tragend ist die Kybernetik primär „als ein imaginärer Standort zu charakterisieren, an dem ein bestimmter Erkenntnistyp Gestalt annahm, ein gewisses Wirklichkeitsverständnis Kontur gewann und eine Wissenslandschaft entworfen wurde" (Hörl und Hagner 2008b, S. 7), die auch heute noch – 40 Jahre nach dem Ende der Kybernetik als Universalwissenschaft – auf unterschiedliche Art und Weise nachwirkt. In diesem Sinne ist auch mein Verständnis von einer Informatisierung des Körpers zu begreifen. Es geht nicht in erste Linie darum, ob eine radikale Gleichzeitigkeit von biologischen und informationswissenschaftlichen bzw. computertechnologischen Prozessen tatsächlich realiter Umsetzung finden kann (womöglich noch ohne substanzielle Verluste in der Materialität eines ‚Körpers', der genauso biologisch wie computertechnologisch prozessiert werden kann). Vielmehr geht es um eine Denkfigur und einen ‚Beschreibungsmodus', *wie* eine Verbindung von Mensch und Technologie auf der Ebene einer funktionalen Verbindung stattfinden kann; *wie* man sich diese Wechselseitigkeit von Körper und Medientechnik vorstellen kann, wenn man beides versucht auf einer grundlegenden Informationsebene in ihre Code-Bestandteile zu zerlegen. Eben: „there exists some fundamental equivalency between genetic ‚codes' and computer ‚codes' or between the biological and digital domains, such that they can be *rendered interchangeable* in terms of materials and functions" (Thacker 2004, S. 5; eig. Herv.). Neben den thematisierten Aspekten im Rahmen einer klar kybernetischen Vision in *The Six Million Dollar Man*, die sich noch an der Vorstellung der prothetischen Erweiterung des Körpers durch bionische Implantate abarbeitet, lässt sich eine noch deutlichere Affinität zur unmittelbaren Entsprechung von genetischem und digitalem Computer-Code ausmachen in der US-Serie *Dark Angel* (Fox, 2000–2002).

2.2 Dark Angel

Während also in den 1970er Jahren Figuren wie Colonel Steve Austin die Möglichkeiten einer Verschaltung von Mensch und Informationsverarbeitungsmaschinen aus dem ‚imaginären Standort' der Kybernetik in die Fiktion populärkultureller Serienerzählungen über wissenschaftliche Ideen übersetzen, greift mehr als zwanzig später James Camerons Serienprojekt *Dark Angel* (Fox, 2000–2002) das Prinzip der Informatisierung des Körpers erneut auf. Gleichzeitig verschiebt sich die informationswissenschaftliche Lesbarmachung biologischer Prozesse weg vom Schnittstellendenken zwischen Mensch und Maschine auf die Ebene der Verarbeitung und Manipulation der menschlichen DNA, die nun ihrerseits Information ist und als solche gentechnisch beeinflusst werden kann. Diese Verschiebung innerhalb der seriellen Erzählung kommt nicht von ungefähr, sondern reagiert auf wissenschaftliche Entwicklungen, die in den Jahren davor – und auch noch während der Ausstrahlung der Serie – große öffentliche Aufmerksamkeit genossen. In den 1990er Jahren wurde bekanntlich das sogenannte Human Genome Project (HGP) ins Leben gerufen. In den USA gestartet und zunächst von James D. Watson – Molekularbiologe und einer der Entdecker des strukturellen Aufbaus der DNA – geleitet, entwickelte sich das Projekt schnell zu einem immensen internationalen Unternehmen, an dessen Ende die vollständige Sequenzierung des menschlichen Genoms stehen sollte. Dem Projekt ging die Intension voraus, alle menschlichen Eigenschaften über die Decodierung der im Genom vorhandenen Gene ‚entschlüsseln' zu können. Als *Dark Angel* anlief, konnten die Forscher des Human Genome Projects bereits einige Erfolge in der Sequenzierung von Chromosomen nachweisen, bevor im Jahr 2003 (da allerdings wurde die Serie bereits abgesetzt) das erfolgreiche Ende des HGP-Unterfangens verkündet wurde, was nicht zuletzt den schnellen Entwicklungen moderner Computertechnologie zu verdanken war. Das Gen-Mapping und die Gen-Sequenzierung ist – grob verkürzt – die Herausforderung der Bioinformatik als die Zusammenlegung von Computerwissenschaft/Informatik und den Biowissenschaften. Dabei wird – im Kern doch noch immer ganz der Theorietradition der Kybernetik verhaftet – der genetische Code des Menschen und der digitale Code moderner Computertechnologie strukturell zusammengeführt bzw. erkenntnistheoretisch verschränkt. Mit anderen Worten: Der Körper wird auf seine Informationsverarbeitungsprozesse reduziert, wodurch die entsprechenden Daten innerhalb der Bioinformatik schlicht computertechnisch lesbar gemacht und damit auf nicht-biologischer Hardware prozessiert, also bearbeitet werden können. In einer wissenschaftstheoretischen Betrachtung hat Thacker dies als ‚informations-essentialistische Denkweise' beschrieben, die auf eine radikale informationstheoretische Interpretation des Körpers bzw. generell der materiellen Welt insgesamt abhebt. Information als mediale und materiale Signifikation überhaupt, wie schon Claude E. Shannon mit seiner *Mathematischen Theorie der Kommunikation* (1948) vorgelegt hat, wird hierin zur ontologischen Bestimmung aller materiellen Prozesse erhoben. Der Clou im informationsessentialistischen Denken besteht letztlich in einer uneingeschränkten Gleichsetzung von Materialität/Körper und Information zum Zweck einer grundsätzlichen computerbasierten Manipulierbarkeit. Auf diese Weise lassen sich neue Normen formulieren und aushandeln wie Körper in den Lebenswissenschaften als Teil bioinformationswissenschaftlicher Praxen verstanden werden kann (Thacker 2003b, S. 89). Diese neuen Normen nehmen in unterschiedlichen Kontexten freilich verschiedene Formen an, aber im Allgemeinen gilt, dass dem Körper auf der Ebene von Informationen – zum Zwecke der Erfassung und Bearbeitung – schlichtweg effektiver begegnet werden kann. Zudem kann der Körper, sobald er als Information begriffen wird, computertechnisch manipuliert, kontrolliert und überwacht werden. Und schließlich ist ein Körper, der radikal auf seine Information (als genetischer Code) reduziert wird – in einer Umgebung, in der auch sonst alles ontologisch als Information betrachtet wird – nicht von jeder Materialität exkludiert, sondern – ganz im Gegenteil – letztlich ‚nur' eine Variation innerhalb eines existenziell-informatischen Blickes auf die materiale Welt insgesamt (Thacker 2003b). „In der Sicht- und Arbeitsweise der Molekularbiologie und der Genomforschung

2.2 Dark Angel

sei [danach] Leben im Format eines molekularen Codes nicht mehr zwangläufig an ihre substanzhaften, organischen TrägerInnen gebunden (Menschen, Tiere, Pflanzen etc.)" (Müller 2012, S. 3). Im Kontext einer rein auf Informationen basierenden Denkweise heißt das nur folgerichtig: „Der DNA-Code sei ein ähnlicher, egal ob er sich in einer Zelle im Organismus oder als Sequenz auf einem Computerspeichermedium befindet" (Müller 2012). Die Konstruktion und schließlich auch Optimierung von Materialität/Körper und Natur wird so mit dem Ziel der Datenkonvertierung und -bearbeitung strikt entlang der Möglichkeiten avancierter Computerprozesse gedacht. Kurzum: „Im Narrativ der technorationalen Logik am Ende des 20. und zu Beginn des 21. Jahrhunderts wird die Welt als flexibel, dynamisch und offen skizziert. Sie zeichnet sich durch die Möglichkeiten vielfältiger Kombinatorik und des Re-Designs aus, die durch Verfahren des *trial and error*, des Herum- und Ausprobierens von der Evolution produktiv genutzt werden" (Weber 2011, S. 94).

Die Serie *Dark Angel* nun führt das Zusammenspiel von Datenkonvertierung, Flexibilisierung und Optimierung genetischer Codes im Herum- und Ausprobieren von Evolution (unter anderem) mit der Hauptfigur Max Guevera (gespielt von Jessica Alba) vor. Max gehört zu einer Gruppe von genetisch verbesserten Kindern, die in einem geheimen militärischen Forschungs- und Ausbildungslager namens Manticore zu Supersoldat_innen erzogen werden sollten. Als zwölfjähriges Mädchen konnte Max gemeinsam mit einigen anderen aus dem Camp entkommen und in den darauffolgenden Jahren erfolgreich untertauchen. Zu erkennen sind die genetisch optimierten Flüchtlinge – die sogenannten X5 (Abb. 2.6) – an einem in den Nacken tätowierten Strichcode, der alle Informationen über die jeweilige Person enthält (Abb. 2.6). Die Informatisierung des Körpers zeigt sich innerhalb der Serie auf zweifache Weise:

1. Auf der einen Seite ist der genetische Code der Figur Max Guevera selbst Gegenstand bioinformationswissenschaftlicher Versuchsanordnungen, wenn dem menschlichen Genom in der Serie unter anderem Katzengene hinzugefügt werden, um die körperliche Agilität der Protagonistin zu optimieren. Ist der Mensch also erst einmal auf seine Information gebracht, so die offenkundige Einladung, kann damit im wahrsten Sinne des Wortes nach dem *trial and error*-Prinzip herumprobiert werden, um eine Mischung unterschiedlicher genetischer Codes so lange vorzunehmen, bis am Ende eine ‚brauchbare Fassung' des optimierten Menschen steht, den es – auch in *Dark Angel* – vor allem militärisch produktiv zu machen gilt. *Trial and error* allerdings bedeutet auch, dass nicht alle Versuche glücken und auf die Optimierung die Selektion folgen muss. Und Selektion wiederum kann nur dann gewährleistet werden, wenn die ‚Objekte' (also die genetisch

Abb. 2.6 Die X5 und der Strichcode im Nacken der genetisch verbesserten Kinder in *Dark Angel*. (© Fox)

manipulierten Versuchspersonen) nach Vorgabe eines militärischen Trainingsplans buchstäblich an den Rand ihrer (optimierten) Kräfte gebracht werden, während sie dabei fortwährend zu überwachen sind. In *Dark Angel* zeigt sich dies zum einen in den Flashbacks der Protagonistin in ihre Vergangenheit und das Aussortieren der ‚dysfunktionalen' gentechnisch verbesserten Kinder durch das Militär inklusiver des anschließenden Sezierens der ‚unbrauchbaren' Kinderkörper (Abb. 2.7), um den Fehler im Versuch zu finden. Zum anderen ist die Protagonistin selbst als fehlerhafte Figur angelegt. Ihr Gehirn produziert nicht genug Serotonin, sodass sie regelmäßig mit unkontrollierbaren Krampfanfällen zu kämpfen hat. Dieser auf eine defekte Genprogrammierung zurückzuführende Umstand kann allerdings nach der Rückkehr ins Forschungslager Manticore am Ende der ersten Staffel korrigiert werden. Die Programmierung bzw. *Um*programmierung des Menschen

2.2 Dark Angel

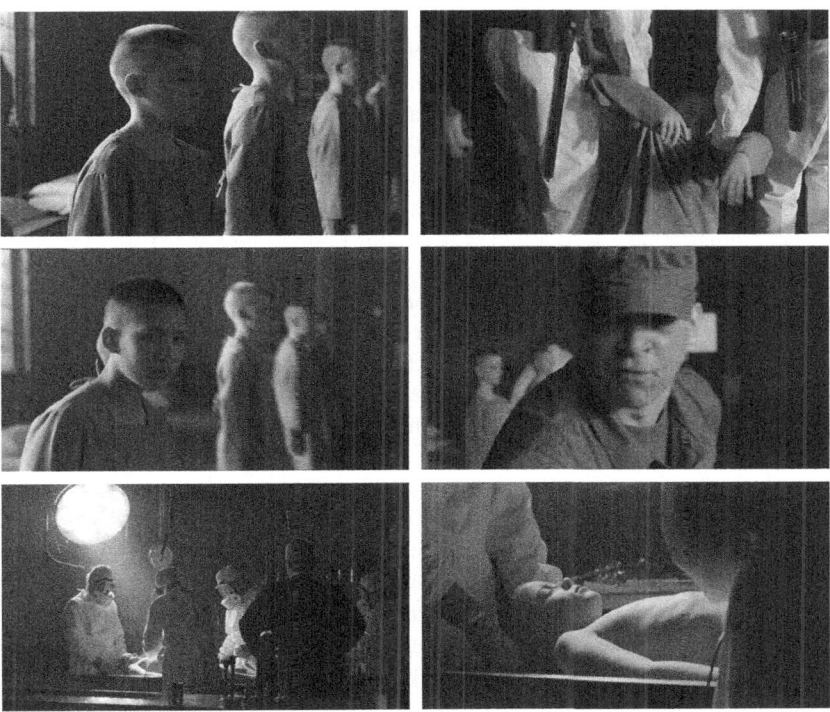

Abb. 2.7 Aussortieren und Sezieren eines ‚dysfunktionalen' X5 in *Dark Angel*. (© Fox)

zwischen genetischem Design und verhältnismäßig reibungslosem Re-Design (im Sinne der Fehlerkorrektur) rekurriert mithin auf die vollumfängliche Synthese biologischer und informationstechnologischer Verfahren, denen mit den Tools der Informatik zu begegnen ist. Wenn die Lebenswissenschaften mittlerweile – gerade im Zuge der Genomforschung – „zu *Informationswissenschaften* [geworden sind]" (Rajan 2009, S. 13), dann performiert die Serie *Dark Angel* einen ‚imaginären' Raum, innerhalb diesem eine solche Form der Informatisierung als Fiktion ansichtig werden kann – und indem der genetische Code des Menschen und der Katze sowie der digitale Code computerbasierter Verfahren schlichtweg austauschbar werden.

2. Auf der anderen Seite ist die ausschließlich auf Informationen ausgerichtete Betrachtungsweise des menschlichen Körpers mit dem in den Nacken tätowierten Strichcode – zum praktischen und schnellen Einscannen – auf eine unmittelbar

einleuchtende Ikonografie gebracht. Die medienkulturelle Bedeutungsweise, die mit einem Strichcode verbunden ist, stellt unmittelbar und eindeutig die Referenz zu computerbasierten Informationsverarbeitungsmaschinen her. Zugleich ist damit aber auch der ‚Warencharakter' akzentuiert, mit dem eine genetisch manipulierte Person augenscheinlich assoziiert wird. Was im Fall von Steve Austin noch vulgärkapitalistisch explizit vorgeführt wird (die sechs Millionen US-Dollar für die Investition zur Optimierung des verunglückten Astronauten wird immerhin prominent im Titel der Serie Episode für Episode ausgestellt), findet im Fall von Max in *Dark Angel* eher implizit statt – innerhalb des post-apokalyptischen Settings der Serie ist die Ökonomisierung der genetisch verbesserten Figuren doch eher randständig von Belang. Der Strichcode als Warensignifikant verweist in *Dark Angel vielmehr* auf den ‚Objektstatus' der gentechnisch optimierten Versuchsperson als ‚Besitz' der Forschungseinrichtung Manticore; und dieser ‚Besitz' wird gleichsam auf den ‚Nicht-(Mehr)-Mensch-Status' ganz im Sinne einer Fallstudie herabgesetzt.[2]

Darüber hinaus referenziert die Serie *Dark Angel* mit der Akzentuierung auf Kinder (aus denen Streitkräfte zu werden haben) als gentechnische ‚Forschungsobjekte' nicht nur Diskurse zu Ideen über künftige Supersoldatinnen und Supersoldaten, sondern auch Überlegungen zum sogenannten Designerbaby, als das Max immerhin im Vorspann der Serie wiederholt inszeniert wird (Abb. 2.8).

In einer ‚not-too-distant future' nämlich, das hat schon Andrew Niccol mit *Gattaca* (1997) erzählt, beginnt die biotechnische Neugestaltung des Menschen bereits weit vor der Geburt. „Give your child the best start. We have enough imperfection built-in. Your child doesn't need any additional burdens. It's still you. Simply the best of you" (*Gattaca,* USA 1997, Min. 11:49–12:02). Diese im Film schon betont lässig vorgebrachte Phrase – „It's still you. Simply the best of you" – wird mit Blick auf die Serie *Dark Angel* als auch und gerade angesichts der realiter außerhalb der Serie geführten Debatten im Kontext der Präimplantationsdiagnostik (PID) gerade im Zusammenhang mit den Chancen und Risiken im Umfeld des Human Enhancements und der Converging NBIC Technologies (Nanotechnology, Biotechnology, Robotics, Information Technology, Cognitive Science) umso dringlicher.

---

[2]Die Informatisierung des Körpers und vor allem der Lebenswissenschaften ist von der Ökonomisierung nicht zu trennen, worauf auch Rajan (2009, S. 14) hinweist: „Der Titel dieses Buches [Biokapitalismus] bringt dabei die These zum Ausdruck, daß die Lebenswissenschaften eine neue Facette *und* eine neue Phase des Kapitalismus darstellen und daß die Biotechnologie untrennbar mit diesem Wirtschaftssystem verbunden ist."

2.2 Dark Angel

Abb. 2.8 Genetisch verbesserte Kinder als Designerbabies in *Dark Angel*. (© Fox)

Wenngleich es sich bei der molekulargenetischen Untersuchung der PID um ein präventives Verfahren handeln soll, mit dem auf Anomalien der Chromosome oder vererbbare genetische Abnormalitäten geprüft wird (vgl. u. a. Diedrich et al. 2012, Hehr et al. 2011), sind die Anlagen der Methode für bedeutend weitreichender Verfahren einsetzbar. So spricht sich etwa der Philosoph und Bioethiker Julian Savulescu für eine im Prinzip ‚moderne Eugenik' aus, die sich ebenso nicht-krankheitsbezogener Maßnahmen anzunehmen habe. Im Zuge eines Strebens nach ‚the best life' ist es seiner Ansicht nach zwingend erforderlich, alle nötigen (d. h. genetischen) Informationen werdenden Eltern zu überlassen bzw. selbige dazu zu ermutigen, Formen der Genauswahl auch zu nutzen – in seinem Beispiel etwa für die Steigerung der Intelligenz des Kindes oder auch die Auswahl des Geschlechts. Für Savulescu (2001, S. 414) steht außer Frage: „[w]e have a moral obligation to test for genetic contribution to non-disease states such as intelligence and to use this information in reproductive decision-making."[3] Das ist ziemlich genau das Szenario, das wir auch aus *Gattaca* kennen: die Konsultation des ‚local geneticists' in einer ‚not-too-distant future'. Das Embryo Enhancement versteht sich dabei als Nullpunkt der gentechnischen Gestaltbarkeit und das bioinformationstechnisch prädisponierte ‚Subjekt' ist scheinbar endgültig Produkt „technische[r] Standards" (Kittler 1993, S. 61). Am Ende dieser biotechnischen Transformationskette erblickt doch eine Erscheinung das Licht der Welt,

---

[3]Zum Genetic Enhancement als ‚moralische Verpflichtung' siehe auch die Arbeiten von John Harris (u. a. 2007).

dessen ‚individueller (biologisch-natürlicher) Körper' nicht mehr von Interesse sein kann. Das Katalogprodukt auf Zuruf des ‚local geneticists' ist Emergenz einer Prozesslogik gentechnischer Informationsverarbeitung: eben „the best outcome" (Savulescu 2001, S. 414) einer zutiefst posthumanistischen Sichtweise, die den Menschen nur noch als materiell-informatische Entität begreifen kann (Hayles 1999).

Die Verfahren (und Möglichkeiten) der molekulargenetischen Untersuchungen im Rahmen der PID avancieren nun im Kielwasser einer breiter gefassten populärkulturellen Kritik an den Selbsttechniken des (post-)modernen Menschen im Kontext des Genetic Enhancements durchaus zu einem Kristallisationspunkt. Das Designerbaby ist hierin in erster Linie Ausdruck eines vorläufigen Höhepunktes bioinformatischer Technikevolution. Dabei lässt sich das Designerbaby mit den technischen Sichtbarmachungen des sogenannten Technofötus – mit dem Formen von Überbietungs- und Optimierungsstrategien bereits antizipiert werden – medienkulturhistorisch verknüpfen. Der Technofötus, um hierauf nur kurz einzugehen, ist das Produkt der im Verlauf des 20. Jahrhunderts sich durchsetzenden unterschiedlichen Visualisierungsverfahren in der Medizin im Umfeld der Geburtshilfe. Der Technofötus ist Emergenz verschiedener dispositiver Elemente und eine äußerst instabile Formation (Haraway 1997, S. 36 f.). Als fragile Prozess- und Aushandlungsform von „power, resources, skills, suffering, hopes, meanings and lives" (Haraway 1997, S. 36) vermag der Technofötus nicht nur im Kontext der Fetalchirurgie zum Sinnbild (oder Trugbild) von „technodreams of medical progress" zu gereichen (Casper 1998, S. 4). Sondern insbesondere mit Blick auf moderne Bildgebungstechnologien avanciert der ins Bild gesetzte Fötus unter technowissenschaftlichen Prämissen zum ‚on-screen Datenbild' und ist so gesehen „more connected to downloading than birth or abortion" (Haraway 1997, S. 34).[4] Die Informatisierung des ‚werdenden Körpers' als Datenbild auf einer Monitoroberfläche referenziert bereits implizit die Datenwerdung (und damit Cyborgisierung) des Menschen als ‚noch' visuelles Phänomen – mit dem bestimmte Wünsche nach einem gesunden und (potenziell) bestmöglichen Kind fest verankert sind. Das Designerbaby wiederum überführt das Implizite ins Explizite, wenn sich das elterliche Begehren hinsichtlich ‚the best outcome' (also das Kind) als unmittelbares Auswahlprinzip aus einem Katalog genetisch determinierter Eigenschaften ableiten lassen soll.

---

[4]Es sei an dieser Stelle darauf hingewiesen, dass Haraway in ihrer Betrachtung gerade auch auf nicht-wissenschaftliche Darstellung zurückgreift – in diesem Fall eine Karikatur von Anne Kelly (siehe Abb. 1 in Haraway 1997, S. 25).

2.2 Dark Angel

Das Designerbaby selbst ist eine schon massenmediale bzw. journalistische Begriffsschöpfung (vgl. Agar 2006) und im Wesentlichen ein Angstbegriff, mit dem der im Ausgang des letzten Jahrhunderts – in Zeiten von Gentechnik, Robotik und Nanowissenschaft – anhaltende Diskurs um den Menschen als ‚gefährdete Spezies' befeuert wird. Mit Blick auf Formulierungen und Definitionen in mehr oder weniger journalistischen Kontexten bis hin zum Oxford Dictionary ist ein sogenanntes Designerbaby ein Säugling, dessen Erbgut ausgewählt wurde, um einen bestimmten Mangel zu beseitigen, oder um sicherzustellen, dass ein bestimmtes Gen vorhanden ist.[5] Wesentlich ist dabei also zunächst das genetische Material bzw. der ‚Akt' der Manipulation des Erbguts selbst. Die Darstellungen in populären Publikationskontexten – im Unterschied zu den bekannten, eher nüchternen mikroskopischen Darstellungen von ‚Zellhaufen' in wissenschaftlichen Journalen – heben vielfach auf den biotechnologischen Eingriff ab, der sich mit Blick auf das daraus resultierende Designerbaby mehr oder weniger eindeutig ins Verhältnis setzen muss. Ein Beispiel dafür ist das im Zusammenhang mit dem Artikel von Michael D. Lemonick für die Sonderausgabe „The Future of Medicine: How Genetic Engineering Will Change Us In The Next Century" des *Time Magazin* im Januar 1999 erschienene futuristische Bild eines im Astronautenanzug umherschwebenden und im Techno-Universum mit dem maschinellen Mutterleib verkabelten ‚Cyberchilds' (Abb. 2.9).

„Until just a few years ago", heißt es dort (Lemonick 1999), „making a baby boy or a baby girl was pretty much a hit-or-miss affair. Not anymore. Parents who have access to the latest genetic testing techniques can now predetermine their baby's sex with great accuracy". Neben die Thematisierung des Testens auf genetische Erbkrankheiten treten dann das Ausmalen potenzieller Szenarien, nach denen werdende Eltern neben dem Geschlecht auch Haut-, Haar- und Augenfarbe, Intelligenzquotienten und Persönlichkeit etc. ihres Kindes entsprechend beeinflussen lassen können. Werdende Eltern brächten dann, wie sich Savulescu auszudrücken pflegt, das ‚Wheel of Fortune' ans Laufen, um das Maximum an ‚the best outcome' erzielen zu können. Eingepflanzt in ein technologisches Habitat ist das Designerbaby hier der postbiologische Sprössling einer im System aus Überwachungs- und Kontrollapparaturen verschalteten *life engine* (das, was früher einmal Mutter war): also buchstäblich eines nur noch „überwachungs-, beratungs- und entscheidungsbedürftige[n] Umfeld[es]" (Duden 2002, S. 11).

---

[5]Vgl. ‚Designer Baby' im Online Oxford Dictionary (http://oxforddictionaries.com/definition/english/designer%2Bbaby [Stand: 10.03.2016]).

Abb. 2.9 ‚Designerbaby' in der TIME-Ausgabe. (Aus Lemonick 1999, S. 65)

In der Serie *Dark Angel* nun ist die Referenz auf Mutterschaft erst gar nicht mehr angezeigt. In die Rolle des Überwachungs- und Kontrollumfelds passt sich das Militär im Kontext eines geheimen Forschungslabors – vertreten durch den machthungrigen und eisern befehligenden Colonel Donald Lydecker (gespielt von

2.2 Dark Angel

Abb. 2.10 Colonel Lydecker (gespielt von John Savage). (© Fox)

John Savage, Abb. 2.10) – ein.[6] Das Designerbaby, das in *Dark Angel* kein Begehren werdender Eltern, sondern das des (geheimen) US-amerikanischen Kampf- und Verteidigungssystems der Staatsmacht darstellt, folgt in der audiovisuellen Inszenierung auch anderen Präsentationssymboliken. Das ‚Cyberchild', welches Max unweigerlich darstellt, schwebt nicht mehr einem Kleinkindastronauten gleich durch einen unbestimmten (Welt-)Raum. Das ‚Cyberchild' in *Dark Angel* wird über die Informatisierung des Körpers als ‚Beschreibungsmodus', der sich *visuell* explizit über den Strichcode sowie – und hier allerdings gerade (und folgenreich) nur implizit – über das zentrale Thema der Serie (genetische Manipulation) signifiziert. Implizit deshalb, weil sich der genetisch optimierte Körper von Max in seiner Darstellung zunächst in keiner Weise von allen anderen, nicht genetisch optimierten Körpern zu unterscheiden scheint. Auch wenn

---

[6]In Episode „…and Jesus Brought a Casserole" (Staffel 01, Episode 20) deutet Lydecker, nachdem er die Seiten gewechselt hat und Max nun unterstützt, zudem an, dass Max einen Teil der DNA von Lydeckers toter Frau in sich trägt („I did love somebody once. Deeply. In my eyes, she approached perfection. When she was murdered, I kept a small part of her alive…in you. You're telling me I'm some kind of clone of an old gild friend? No. Not a copy. More…inspired by. She was my wife. You have her eyes.", Min. 15:42–16:20). Die Referenz auf Mutterschaft löst sich damit tatsächlich restlos auf im Bereich der Andeutung als allenfalls noch programmatische Orientierung („…inspired by"). Elternschaft verliert sich damit doch im weißen Rauschen informationstechnologischer Codierung (auch Lydeckers potenzielle Vaterrolle bleibt schließlich unaufgelöst – wobei Max diese ohnehin nicht annehmen würde, wie sie Lydecker gegenüber nach dessen ‚Geständnis' unmittelbar deutlich macht).

die körperliche und geistige Überlegenheit sowie die Auswirkungen dysfunktionaler Programmierung im genetischen Code audiovisuell akzentuiert werden sollen, wird stets ein menschlicher Körper zur Anschauung gebracht, der entweder besonders vital (schnelles Laufen, hohes Springen etc.) oder eben stark abgezehrt (durch die lähmenden Krampfanfälle und die damit verbundene massive Schweißproduktion) dargestellt wird. Auf technologische Interfaces hingegen, die sichtbar die äußerliche Erscheinung der Figur prägen, wird bei Max verzichtet (Abb. 2.11).

Das Interface ‚Körper' wird zum Signifikationstool zur Veranschaulichung der angenommenen informationswissenschaftlichen Entsprechung von biologischen und computerbasierten Prozessen, von genetischem und digitalem Code, von Mensch und Technologie. Das zeigt sich in Variationen auch – und mit entsprechend anderen Bedeutungsimplikationen – in weiteren Fällen innerhalb der Serie, in denen der Körper zur genetischen Manipulation und Optimierung technologisch verändert wird. In Episode „Rising" (Staffel 01, Episode 11) beispielsweise wird Max von Soldaten der sogenannten Red Series gejagt. Diese Soldaten sind mit neuronalen Biotech-Implantaten ausgestattet, die die physische Kraft der betreffenden Implantats-Wirte auf eine Weise beeinflussen sollen, die noch über das Manipulationsspektrum der Manticore X5 hinauszureichen verspricht. Verbunden mit dem Gehirn werden die neuronalen Bahnen des Menschen/Soldaten neu verschaltet. Hierdurch sollen das Schmerzzentrum ausgeschaltet und der Angstlevel massiv reduziert werden. In den Nacken eingesetzt und anschließend unsichtbar unter die Haut eingedrungen, wird die unmittelbare Reaktion des Implantates auf den Wirtskörper oberflächlich (lediglich) durch eine kurzzeitige Hyperreaktion der Betroffenen mit anschließenden Blutungen aus den Augen körperlich-performativ nachvollziehbar (Abb. 2.12). Unter der Oberfläche allerdings breitet sich das Implantat rhizomatisch als ‚organisch-anorganisches Vernetzungstool' aus und beeinflusst die neuroelektrische Signalprozessierung im Gehirn (Abb. 2.12).

Die technologische Decodierung und anschließende Recodierung neuronaler Datenverarbeitung im Gehirn zur postbiologischen Manipulation des Menschen geht in der narrativen Verarbeitung jedoch von einer nur zunächst reibungslosen und umfassenden Synchronisierungsfähigkeit von Biologie und moderner Technologie aus. Was auf der Ebene der systematischen Operationalisierbarkeit durchaus zu funktionieren scheint, stößt recht schnell an die unmittelbar physischen Grenzen der körperlichen Belastbarkeit. Nach der Manipulation durch das Implantat brennt der hyperstimulierte Körper der Soldaten nach nur sechs Monaten buchstäblich aus, was zum Tode der betreffenden Personen führt. Was also auf der Ebene der Software ‚operativ' zu funktionieren scheint (das Lesen, Decodieren und Recodieren

2.2 Dark Angel

Abb. 2.11 Die ‚unscheinbare' Stärke von Max. (© Fox)

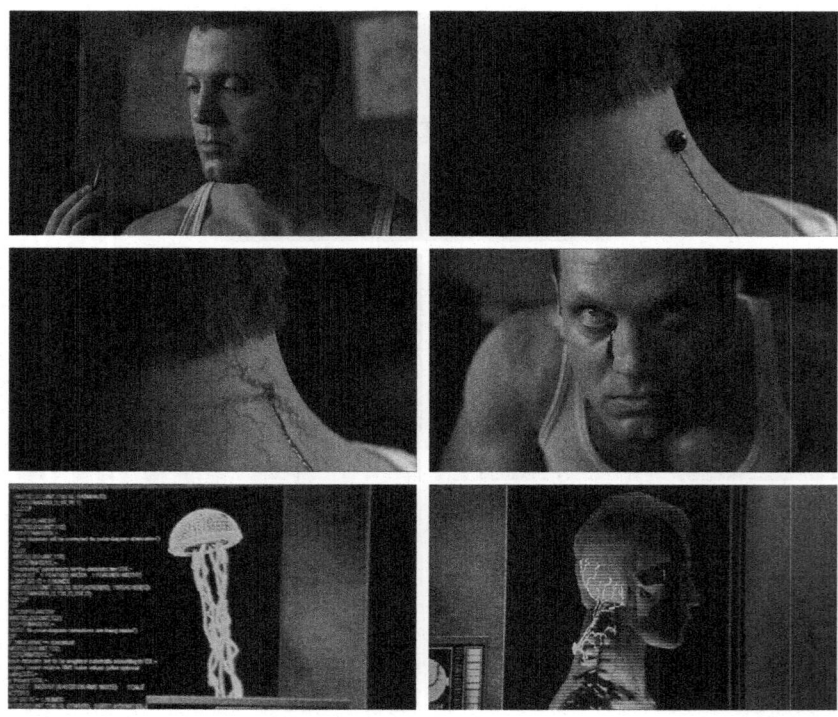

Abb. 2.12 Die Manipulation eines Soldaten der Red Series in *Dark Angel*. (© Fox)

von Daten zwischen Biologie und Technologie), scheitert letztlich kläglich an der Abstimmungsleistung von Hardware (der Körper reagiert eben nicht wie ein Computer), weshalb sich Wetware (also Mensch) eben doch nicht so ohne weiteres als vollumfänglich offen für jede Art der Manipulation anzubieten vermag. Zumindest dann nicht, wenn die Informatisierung als ‚nachgelagerter Effekt' probiert werden soll: Also als nachträgliches Aufrüsten des Menschen innerhalb eines – wie im Fall der Red Series – informatischen *Unterwerfungs*regimes, indem Human Agency gegen Information Agency einfach ausgewechselt wird.

Selbst die X5 sind als mit kybernetischen Implantaten aufgerüstete Mensch-Maschine-Hybride deutlich ‚fehleranfälliger'. In Episode „Some Assembly Required" (Staffel 02, Episode 07) taucht der tot geglaubte X5 Zack (gespielt von William Gregory Lee) als Hybridwesen zwischen genetisch aufgebesserter Biologie und Technologie wieder auf (Abb. 2.13). Allerdings führt die nachträgliche

2.2 Dark Angel

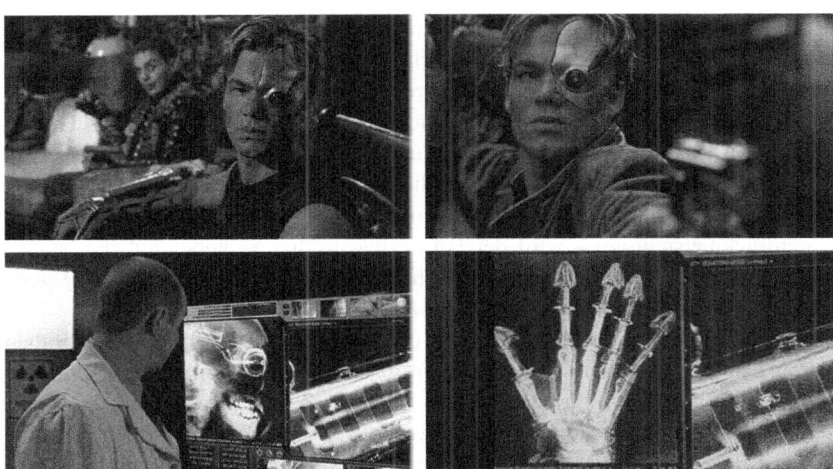

Abb. 2.13 Zack (gespielt von William Gregory Lee) als Mensch-Maschine-Hybrid. (© Fox)

Aufrüstung mit technologischen Implantaten nicht nur zu einer zunächst fehlerhaften Prozessierung von Erinnerungsinformationen, sondern die durch Manticore bewusst falsch programmierten Gedächtnisdateien – Zack identifiziert seinen einstigen Verbündeten Logan Cale (gespielt von Michael Weatherly) als sein Angriffsziel – führen schließlich dazu, dass sich Zack in eine unkontrollierbare Killermaschine verwandelt. Nur durch einen Stromschlag gelingt es Max Zack zu stoppen. In der Folge werden Zacks Schaltkreis überlastet und seine Gedächtnisdateien gelöscht. Nach dem erzwungenen System-Shutdown wird Zack weder Max noch Logan erkennen können. Gleichzeitig – so erklärt Dr. Sam Carr (gespielt von Brian Markinson) – sind die von Manticore programmierten Informationen noch immer im Gedächtnisspeicher vorhanden. Sollte Zack also erneut ‚lernen', wie er zu Max und Logan stehe, werden die Informationen zur Eliminierung Logans abermals das Verhalten des Mensch-Maschine-Hybriden Zacks steuern.

Anders als im Fall der Serie *The Six Million Dollar Man* also ist das Prinzip der Informatisierung des Körpers hier kein Beschreibungsmodus, der die Verbindung von Mensch und Technologie als *erfolgreich* über ein *Interface im Sinne offen sichtbarer Mensch-Maschine-Verkopplung* zur Aufführung bringt. Die Idee des Cyborgs als Wesen, das erkennbar halb Mensch und halb Technik ist, wird in *Dark Angel* letztlich durch die gentechnologische Programmierung der Biologie des Menschen abgelöst. Der gentechnisch manipulierte ‚Softwarekörper' – wenn man so will – kommt *effizient* erst ohne Implantate und die Darstellung von Schnittstellen zwischen dem Organischen und dem Anorganischen aus. Die nachträgliche Anpassung durch Implantate und Neuprogrammierung ist dabei zwar nicht ausgeschlossen, im Sinne der nachhaltigen und wechselseitigen Wirkkraft – gerade auch zwischen Human und Information Agency (gegenüber einem rigiden Unterdrückungsregime) – wird der Fokus diegetisch verschoben auf die bereits vorhergehende informationstechnologische Bearbeitung der genetischen Anlagen, mithin der Prozessierung der *Daten des Menschen*.

Dabei geht es auch allenfalls noch vordergründig um die in der Medientheorie bislang oft diskutierten Ersetzbarkeit der „Wahrnehmung des menschlichen Körpers [...] mit der Wahrnehmung von Medien" (Schneider, 2000, S. 28). Eine anthropologische und eine informationstheoretische Perspektive auf den menschlichen Körper ist hier doch auf der Ebene der Verschränkung der biologischen und computertechnologischen Domäne – eben „such that they can be *rendered interchangeable* in terms of materials and functions" (Thacker 2004, S. 5; eig. Herv.) – schlichtweg unentscheidbar und damit auch phänomenologisch mit Blick auf den Körper als Darstellungsform nicht mehr unmittelbar aufzulösen (wenn das technische Interface nicht mehr anzeigbar ist). Die biotechnische Neugestaltung im Auge des Human Enhancements bzw. des Genetic Enhancements zeigt sich in Hinblick auf die Genese eines „transfigurativen Körpers" (Tibon-Cornillot 1982) nicht nur als die Abkehr vom biologisch-natürlichen Körper. Perspektivisch avanciert der „transfigurative Körper" doch zu einer erkenntnistheoretischen Synthese von medientechnischen und anthropologischen Paradigmen im Verfahren einer genetischen Bestimmtheit (die hierin maßgeblich eine informationstheoretische Medienbestimmtheit ist) des transhumanen Menschen im Horizont des ‚Hypernormalen' (worauf ich im folgenden Kapitel noch eingehen werde) – in der Folge aber das Verhältnis von Human und Information Agency doch immer wieder neu zu verhandeln sich aufdrängt und aufdrängen muss.

Die Informatisierung des Körpers in fernsehseriellen Medienerzählungen, wie ich sie bis hierher vorgestellt habe, ruft letztlich ein Verständnis über den Menschen und dessen informationstechnologischer Bearbeitbarkeit auf den Plan, das ich im Sinne eines medialen anthro-informatischen Menschenbildes bezeichnen möchte. Unter einem „anthro-informatics approach" versteht man am American Museum of Natural History in New York – in einem gänzlich anderen Kontext also – eine Methode in der Phylogenese zur softwarebasierten Auswertung großer Datenmengen zur Bestimmung von interkulturellen Verwandtschaftsbeziehungen und sozialen Systemen bestimmter Menschen(gruppen) in einem historisch-globalen

2.2 Dark Angel

Entwicklungsprozess.[7] Am Beispiel der Untersuchung der Beziehungen von „Native American societies" des sogenannten „Crow-Omaha" Verwandtschaftssystems sollen bestimmte Entwicklungen durch die Datenauswertung mit dem Programm „POY4" (Phylogenetic Analysis Program for Molecular and Morphological Data) geklärt werden können.[8] Der anthro-informatische Ansatz drückt dabei vor allem eine *erkenntnistheoretische Verschiebung* aus, wenn anthropologische Fragestellungen durch informationswissenschaftliche Tools beantwortet werden und schließlich Big Data zum eigentlichen Erkenntnisobjekt avancieren. Diesen Ansatz möchte ich übernehmen und in Hinblick auf die Frage nach medialen – d. h. vor allem populärkulturell in-formierten – Menschenbildern (hier im Kontext der informationstechnologischen Manipulation und Optimierung des Körpers) entsprechend modifizieren.

Die Ausgestaltung, Verbreitung und Veränderung von Menschenbildern ist zu einem wesentlichen Teil von ihrer unterschiedlichen medialen Verfasstheit und populärkulturellen Kommunikation nachhaltig beeinflusst (vgl. Eder et al. 2013, S. 1). In populären Medien drücken sich „wechselnde, nicht selten wertende und konflikthafte Vorstellungen über ‚das Wesen des Menschen' aus. Über dessen Körper, Geist, Sozialität und Transzendenz, seine Vergangenheit, Gegenwart und Zukunft, seine Verhältnisse zu Gottheiten, Tieren und Dingen". Dabei reagieren „Medienproduktionen nicht nur auf Alltagskontexte und Forschungsergebnisse, sondern beeinflussen beides – durch Geschichten, die sie erzählen, Bilder, die sie verbreiten, und Emotionen, die sie auslösen. Ihre spezifischen Eigenschaften, ihre charakteristische Medialität, prägen individuelle und kollektive Vorstellungen darüber, was den Menschen ausmacht" (Eder et al. 2013). Medien reproduzieren jedoch nicht nur unterschiedliche Formen von Menschenbildern aus verschiedenen diskursiven Kontexten, sondern sie konstruieren ihrerseits ganz eigene Vorstellungen über ‚menschliche Eigenschaften' sowie – wie für dieses Buch zentral – das Entwicklungs- und potenzielle Optimierungspotenzial von Menschen

---

[7] „Using data drawn from published ethnographies and ethnographic databases, the researchers will use the software to compare social, cultural, and ecological features associated with a historically critical system of reckoning kinship and family relations worldwide. Kinship systems once organized all social systems, prior to the emergence of the state, and, therefore, explaining kinship systems is key to understanding patterns of human social evolution" (Whiteley und Wheeler 2009–2012).

[8] „The software to be used (POY4) allows for testing likelihoods of feature transmission horizontally through space (i. e., via diffusion of learned behavior) as well as vertically through time (via simple inheritance). […] The focal kinship systems, which appear to be evolutionarily transitional, are known collectively as Crow-Omaha systems by specialists" (Whiteley und Wheeler 2009–2012).

(und auch der soziokulturellen Ordnungslogiken). Populäre Visionen sind danach immer auch ein zentraler Faktor für gesamtgesellschaftliche Diskussionen über den Menschen und das Bild, welches man sich – in Alltag und Wissenschaft – von ihm macht.

In diesem Zusammenhang nun von einem medialen anthro-informatischen Menschenbild zu sprechen, bedeutet, die informationstheoretische Aufarbeitung und das informatische Verständlichmachen von anthropologischen Entwicklungen einerseits und die mediale Verfasstheit populärer Erzählungen andererseits zusammenzubringen. Die informationswissenschaftliche Lesbarmachung des Körpers auf der Ebene des (genetischen) Codes gilt es somit konsequent im Rahmen ihrer populären Interpretation als spezifische Form der audiovisuellen Ausgestaltung eines medialen Menschenbildes zu begreifen, das letztlich Kybernetik und Genetik in eine unmittelbare Beziehung bringt. Die Frage nach dem Menschenbild stellt sich dabei stets in Abhängigkeit zu Informationstechniken, die die Biologie des Menschen als Daten lesbare und schließlich bearbeitbar machen. „Alles, was man vom Menschen wissen und was man von ihm sagen kann" ist auch in diesem Kontext „in einem nicht-trivialen Sinne, Medien geschuldet; das, was so oft kulturkritisch als Deformierung, Überformung beklagt wird, ist sowohl die Bedingung des Menschen als auch eines Wissens von ihm" (Rieger 2000, S. 42). Infolge der buchstäblich *informatischen ‚Durchformung'* von Mensch und computerbasierter Medientechnologie (im Sinne deren Agency), wie sie für die (Nach-)Moderne als bezeichnend gilt, rückt nun geradewegs digitale Medientechnik an die Stelle zentraler Reflexionsprozesse im Kontext einer Epistemologie der Informationsgesellschaft (Castells 2010) – innerhalb dieser die Relation von Human und Information Agency auf unterschiedliche Weise zur Disposition gestellt wird. Der Mensch, der nach Michel Foucault (1971, S. 373) vor 1800 noch gar nicht existiert haben kann, und der nun in der Moderne als Epistem überhaupt erst durch Medientechnik auf den Plan treten konnte – hierin also nur noch in Relation zur Medientechnik erkenntnistheoretisch gegenwärtig scheint –, hat so gesehen eine erstaunlich kurze Halbwertzeit.

Einem Verständnis von der informatischen Lesbarmachung und ‚Durchformung' von Mensch und Informationstechnologie im Sinne des medialen anthro-informatischen Menschenbildes haben auch die futuristischen Visionen populär werdender Diskurse zur Nanotechnologie in die Hände gespielt. Innerhalb der Nanomedizin wurden doch Visionen von „Nanomaschinen, Verbesserungen der menschlichen Konstitution, molekulartechnischer Neugestaltung der Welt oder sich selbst replizierenden Assemblern" (Lösch 2006, S. 228) entworfen, die bewusst an Hollywood erinnern, lassen diese sich doch in besonderer Weise als Vermittler zwischen Wissenschaft, Wirtschaft und Massenmedien nutzbar machen.

2.2 Dark Angel

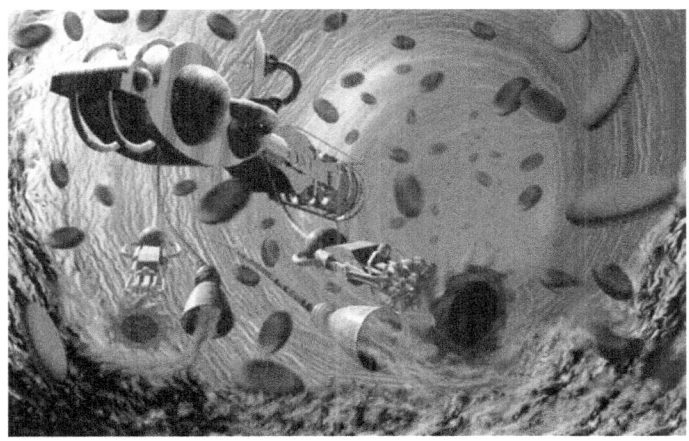

Abb. 2.14 Nanobot in einer Arterie. (Aus Lösch 2006, S. 226)

„You are going where no man or camera has ventured before", wie es Richard Fleischer 1966 mit dem Science-Fiction-Film *Fantastic Voyage* auf die Leinwand brachte, war ebenso plastisch wie folgenreich.[9] In der Nanomedizin wird der Körper hiernach auf molekularer Ebene aufgerüstet mit Mini-U-Booten, die menschliche Arterien reinigen (Abb. 2.14) oder wie ausschwärmende Drohnen, bewaffnet mit Injektionsnadeln, gegen Killerviren und dergleichen ins Felde ziehen. So stellte man sich im Allgemeinen Nanotechnologie vor.

Auch wenn diese Visualisierungen mittlerweile aus dem ‚Bildkanon' der Nanowissenschaften zum Zwecke deren Defuturisierung und Ökonomisierung verschwunden sind, „konstituiert sich die ‚Zukunft der Nanotechnologie' im Kontext dieser Visionen" (Lösch 2010, S. 129). Gerade der kritische Diskurs um die visionären Bilder und die damit verbundenen Bemühungen um eine Defuturisierung sind gewiss auch vor dem Hintergrund gerade popul ärkultureller Vorstellungen zu lesen, die ein anderes Bild evozieren. Speziell der Assimilierungsprozess des im *Star-Trek*-Universum populären Borg-Kollektivs (als ultimativer Antagonist menschlicher Spezies) wird mit derselben Inszenierungsweise ins Bild gesetzt (Abb. 2.15).

---

[9]Die Darstellung eines miniaturisierten U-Boots im Körperinnen des Menschen, wie es *Fantastic Voyage* präsentiert, hat sowohl die Forschungen im Umfeld der Nanowissenschaften wie auch der virtuellen Endoskopie beeinflusst. Siehe hierzu Lösch (2010); Gugerli (2002); Stollfuß (2014b, S. 125 ff.).

Abb. 2.15 *Star-Trek*-Borg-Nanosonden & -Borgdrohne. (© CBS & Paramount Pictures)

In einem solchen Vergleich wird der ‚Nanobot' zur Optimierung der menschlichen Konstitution postwendend zum (gegenwärtigen) Sinnbild der Versklavung durch eine monströse Technologie, die auf Nanoebene – unsichtbar für das menschliche Auge – jedes Individuum zu einem fremdgesteuerten Techno-Zombie mutieren lässt (Abb. 2.15).[10] „We are the Borg. Your biological and technological distinctiveness will be added to our own. Resistance is futile", wie es so schön heißt.

Die Visionen im Kontext der Nanotechnologie nun lassen doch Genetik und Kybernetik zielsicher zusammenfallen, wenn die Informatisierung der Biologie des Menschen mit dem Nanobot seine futuristische Technologie gefunden zu haben scheint: als Design und Re-Design des Menschen „at the molecular level, measured in microns", wodurch die „morphing qualities of virtual reality" – im Sinne der Mathematisierung aller Prozesse – schlussendlich in „the real world" einzudringen vermögen (Kurzweil 2005, S. 28). Wenn der menschliche Körper erst einmal auf seine ‚nüchterne' Mathematik heruntergerechnet ist, scheint der Rekonfiguration des Humanen im Feld des Computertechnischen innerhalb eines „informatic essentialist thinking[s]" (Thacker 2003, S. 86–87) in audiovisuellen Erzählungen (wie auch darüber hinaus) erst einmal keine analoge Grenze mehr gesetzt.

All diese Visionen und populärkulturellen Imaginationen sind jedoch stets in eine Doppelkonnotation der Bilder bezüglich ihrer kulturellen Bedeutungspotenziale eingebunden. Denn Nanobilder von (vermeintlich) unkontrollierten Maschinen und Herrschaftsverlusten gegenüber Technik gehen immer auch mit der

---

[10]Zum Vergleich der Nanoforschung mit den Borg in *Star Trek* vgl. u. a. Joy (2007, S. 21 ff.).

2.2 Dark Angel

Faszination für das scheinbare Potenzial der Technik und den damit verbundenen möglichen Erlösungsfantasien vom Schrecken des biologischen Zerfalls Hand in Hand. Optimierung des Körpers durch Informationstechnologie und Legitimation von Informationstechnologie zur Anwendung am und im Körper sind dabei nicht innerhalb eines einseitigen Angstnarrativs zu verstehen, sondern einer Doppelseitigkeit von Produktivität und Negativität, die doch durch die Wechselseitigkeit von Agency eingefangen wird. *The Six Million Dollar Man* und *Dark Angel* zeigen dies über die Reflexion von Human Agency innerhalb eines Horizonts informationstechnologischer Manipulation sowie Optimierung. Und selbst *Star Trek* entwirft die Borg nicht ausschließlich als einseitig funktionalisierten antagonistischen Aggressor, sondern – spätestens in Hinblick auf die Figur Seven of Nine (gespielt von Jeri Ryan) in *Star Trek: Voyager* – auch als Hybridwesen in Hinblick auf die Möglichkeit zur produktiven Aufwertung von Human Agency durch Nanotechnologie vor dem Hintergrund einer wechselseitigen Bezugnahme von Mensch und Technologie.

Kybernetische Kultur des Populären 3

Wenn im vorherigen Kapitel die Informatisierung des Körpers einerseits innerhalb der Traditionslinien kybernetischer Theorie sowie andererseits mit Verweis auf transhumanistische Vorstellungen vom Menschen (im perspektivischen Horizont des ‚Hypernormalen') andiskutiert wurde, soll dies im folgenden Kapitel noch einmal genauer in den Fokus der Überlegungen gerückt werden. Gefragt wird dabei vor allem nach einer kybernetischen Kultur des Populären, einer in diesem Zusammenhang virulenten Form des ‚Hypernormalen' und der hierbei reflektierenden Funktion populärer Fernsehserienerzählungen. Besprochen werden soll dies anhand zweier Beispiele: der kanadischen Serie *Continuum* (Showcase 2012–2015), die jüngst eine Vision kybernetischer Veränderung des Menschen seriell zur Anschauung bringt, sowie der US-amerikanischen Produktion *Person of Interest* (CBS 2011–), die die digitale Vollüberwachung als (Alb-)Traum computertechnologischer Tiefenorganisation gesellschaftlicher Ordnungen präsentiert. Beide Serien befassen sich mit technologischen Entwicklungen und den damit verbundenen Konsequenzen für gesellschaftliche Ordnungen in der Informationsgesellschaft sowie für den unmittelbaren Status des Menschen bzw. des menschlichen Körpers innerhalb der Macht-, Kontroll- und Regulierungsanordnungen einer kybernetischen Kultur. Wenn in diesem Buch von einer kybernetischen Kultur des Populären die Rede ist, ist damit die fernsehserielle Re-Kontextualisierung von kybernetischen Theoremen und konzeptuellen Modellen mit Blick auf soziotechnologische Gesellschafts- und Menschenbilder gemeint. Während die Kybernetik als Universalwissenschaft bereits recht früh in der zweiten Hälfte des letzten Jahrhunderts wieder von der Bildfläche verschwand, leben ihre Ideale, Vorstellungen und Programme für Mensch und Gesellschaft in populären Medienkulturen bis heute weiter. Die narrativen wie vor allem ästhetischen Ausgestaltungen fiktionaler Erzählräume um das

Potenzial, aber auch die Gefahr kybernetischer Theoreme bzw. technischer Entwicklungsdynamiken zeugen von einem nach wie vor pulsierenden kulturellen Ressourcenreichtum der populären Medienkultur zur Interpretation und Kommentierung einer computertechnologisch durchdrungenen Welt. Die Serien *Continuum* und *Person of Interest* greifen dabei aktuelle technische Entwicklungen auf – wie etwa die digitale informationstechnologische Überwachung und Kontrolle aller gesellschaftlicher Praxisfelder sowie die Optimierung menschlicher Subjekte durch technologische Implantate – und konterkariert normative wissenschaftlich-technische Wissensordnungen (d. h. das reelle Regime der informationstechnologischen Wissenskultur) durch Dynamiken des populärkulturell-interpretierenden und fiktional-hypothetischen Erzählens innerhalb genrespezifischer Codierungen zwischen Science-Fiction, Crime und Mystery. Das kulturelle Wissen, das die beiden Serien produzieren – indem sie Ideen der Kybernetik narrativ verarbeiten und ästhetisch performieren (z. B. über hybride Mensch-Maschine-Körper oder eine Bildästhetik, deren Symbolik durch omnipräsente Überwachungskameraausschnitte geprägt ist) –, verschränkt wissenschaftliche und gesellschaftliche Technikrealität (als Bestandteil alltäglicher Lebensrealität) und das Moment des Spekulativen über Potenziale gerade jenseits ebendieser Technikrealität (als Bestandteil populärer Imaginationen über die Unsicherheit dessen, welche positiven wie negativen Effekte auf Gesellschaft, Kultur und Körper damit verbunden sind). Bevor jedoch auf die beiden Serien im Detail eingegangen wird, sollen zunächst einige kontextualisierende Vorbemerkungen zur Kybernetik erfolgen, um das Reflexionspotenzial der Serien im Umgang mit einer kybernetischen Kultur besser nachvollziehen zu können.

Die Kybernetik hat bekanntlich im Wesentlichen eine Auslegung für Regelsysteme, Prozessierungen und Schaltungen geliefert, innerhalb dieser Mensch und Maschine strukturell gleich behandelt werden sollen.[1] Dabei beansprucht die Kybernetik im Grunde nicht weniger als das Format einer „Epochenschwelle, die die Ordnung des Wissens so umfassend verändert und das Archiv derart tiefgreifend restrukturiert, daß wiederum ein ganzes Ensemble von Aussagen im gleichen Formationssystem erscheinen kann und daß verschiedenste Diskurse systematisch Gegenstände bilden können, von denen sie dann reden" (Pias 2004b, S. 16). Für die Verkopplung von Mensch und Maschine heißt das technikepistemologisch konsequent: „Wo zuvor das Leben, die Sprache oder die Arbeit ihre Einheit am Menschen fanden, treffen sie sich nun, über seine Grenzen hinweg, in Regelkreisen von Information, Schaltalgebra und Feedback" (Pias 2004b). Was aber heißt

---

[1]Zur umfassenden Geschichte der Kybernetik siehe Pias (2003 und 2004a).

3 Kybernetische Kultur des Populären

das eigentlich? Vom Ansatz her will die Kybernetik vor allem moderne Gesellschaften und den modernen Menschen unter Voraussetzungen einer informationswissenschaftlichen Neuausrichtung von Wissen und kulturellen Anordnungen neu durchdenken. Informationswissenschaft und -theorie bestimmen danach die Diskurse über Mensch, Gesellschaft und Kultur im Sinne einer, wie Claude Lévi-Strauss (1967) geschrieben hat, „Mathematik vom Menschen". Auf diese Weise lässt die Kybernetik eine neue sozio-kulturelle Ordnung entstehen, die mit entsprechenden Macht-, Kontroll- und Regulierungsmechanismen ausgestattet ist und die – deshalb auch *kybernetische Kultur* – von informationstechnologischen Rahmenbedingungen sowie einer Operationalisierungslogik avancierter Computertechnik bestimmt wird. Das klingt zunächst durchaus dystopisch, war anfangs jedoch tatsächlich noch von einem Optimismus geprägt, der erst später ins Wanken geriet. Denn die Kybernetik beseitigte den Menschen nicht etwa aus den verschiedenen thematischen Zusammenhängen, für welche sie sich als Universalwissenschaft fortan zuständig erachtete, sondern sie ‚denkt' innerhalb ihrer erkenntnistheoretischen Ordnungssysteme das Wissen über Mensch, Kultur und Gesellschaft schlichtweg nicht mehr vom Menschen her (als Prämisse anthropologischer Diskurse), sondern setzt Technik bzw. technische, d. h. logisch-mathematische Rechen- und Schaltvorgänge an seiner statt als sinn- und einheitsstiftende Struktur ins Zentrum (als Prämisse eben informationstheoretischer Diskurse) (vgl. Pias 2004b und 2005). Eine solcherart „kybernetische Erweiterung" (Bense [1951] 2000, S. 475 ff.) entfaltet dementsprechend den Gedanken von „elektronischen Rechenmaschinen [...], die bei Mensch und Maschine gewisse identische, technisch isolierbare Prozesse feststellen wollen" (Bense [1951] 2000, S. 475–476). Das heißt zumindest nach Max Bense konkret: „Die Einbeziehung der modernen Logik, Mathematik, Physik, Psychologie, Physiologie, Psychiatrie, Anthropologie, Soziologie und Metaphysik machen das Werk [gemeint ist Wieners *Cybernetics. Or Control and Communication in The Animal and The Machine* (1951)] zu einem grundlegenden Buch moderner Natur- und Technikphilosophie, zu einem Paradigma dessen, was wir Metatechnik nennen möchten" (Bense [1951] 2000, S. 476). Die Implementierung von moderner Technik in nahezu alle relevanten (wissenschaftlichen wie gesamtgesellschaftlichen) Felder zur Erschließung einer sogenannten „Feinstruktur von Welt" (Bense [1951] 2000, S. 476) legt sich die Kybernetik als Aufgabe bzw. Ziel selbst auf. „Die kybernetische Erweiterung der neuzeitlichen Technik bedeutet also ihre Erweiterung unter die Haut der Welt", woraus sich zu ergeben scheint, dass Technik „in keiner Weise mehr isoliert (objektiviert) betrachtet werden [kann] vom Weltprozeß und seinen soziologischen, ideologischen und vitalen Phasen. Sie bezieht alles ein, sie hat einen verstärkt konsumierenden Charakter angenommen"

(Bense [1951] 2000, S. 476). Auch wenn sich Technik in dieser holistischen Sichtweise derart rhizomatisch ausbreitet, sollte damit keineswegs verbunden sein, dass Technik den Mensch *en passant* einsaugt oder gar auflöst. Für die Kybernetik ging es vielmehr um einen einschneidenden Paradigmenwechsel – und zwar dergestalt, dass Bedingungen der Naturhaftigkeit, die unter anthropologischen Prämissen in Hinblick auf Künstlichkeit stets und notwendigerweise Exklusionsmechanismen lancieren, zu mathematischen Symboliken hin sich verschieben. Am Ende soll eine „technische Intelligenz" das Licht der Welt erblicken, die den Menschen Schritt für Schritt in einer „technischen Welt etabliert", insofern sich doch „Intelligenz und Welt [einander] bedingen", was immerhin genauso kybernetisch wie anthropologisch von zentraler Bedeutung sei (Bense [1951] 2000, S. 482). Mit anderen Worten: Wo Künstlichkeit innerhalb anthropologischer Diskurse zum Gegenpart von Naturhaftigkeit in Stellung gebracht wird, lösen sich diese Gegensätze in informationstheoretischen Diskursen auf unter Bedingungen logisch-mathematischer Gleichförmigkeit der Prozessierung von Daten. Beides, Natürlichkeit und Künstlichkeit (oder schlichter: Natur und Kultur) avancieren zu Kalkulationsstellen innerhalb logisch-mathematischer Datenverarbeitungsprozesse, die im Symbolischen (also im computerbasierten Zuordnungsverfahren von Code und Wahrscheinlichkeit) en- und decodierbar sind. Gleichzeitig ist der Mensch danach eben nicht aus der technischen Welt ‚exmatrikuliert', sondern soll sich eine Umwelt schaffen, „die seiner Doppelrolle als naturhaftes und geistiges Wesen angemessen ist. Die technische Welt ist eine Umwelt, eine seinsmäßige Sphäre, aus der das, was wir technische Existenz und technische Intelligenz nennen, wenigstens im Idealfall lückenlos expliziert werden kann" (Bense [1951] 2000, S. 483). Und die Pointe, nämlich der Vorteil einer technischen Umwelt gegenüber der naturhaften, liest sich in diese Richtung nicht im geringsten als Essenz einer gegen den Menschen operierenden Kybernetik: „Innerhalb der naturhaften Welt ist der Mensch, wie es formuliert wurde, das höhere, aber zugleich schwächere Wesen; innerhalb der technischen Welt ist er durchaus das stärkere Geschöpf" (Bense [1951] 2000, S. 483). Kybernetik wird so als Metatechnik entworfen, die in einer technikphilosophischen Betrachtung den Brückenschlag vollziehen soll zwischen Geistes- und Naturwissenschaften und dabei in einer doch ziemlich positiven Erwägung die Verbindung bzw. die Zusammen- und Zugehörigkeit von Mensch und technischen Objekten verhandelt (vgl. auch Hagner 2008, S. 54–55). Im philosophischen Fahrwasser dieser Denkrichtung geht es letztlich auch immer um ein zutiefst demokratisches Verständnis von Gleichheit von alle dem, was in informatischen Prozesse berechnet werden kann.

Erst einige Jahre später – nämlich in den 1960er Jahren bis knapp vor Ende der Kybernetik als Universalwissenschaft in den 1970er Jahren – stellte sich ein

3 Kybernetische Kultur des Populären

Kehrtwende ein, die zum einen die Kybernetik als tatsächlich universale Wissenschaft in Zweifel geraten lies und zum anderen eine düstere Rhetorik auf den Plan rief, in deren Folgen die Kybernetik auch „sang- und klanglos in den Kellerräumen der Wissenschaftsgeschichte" verschwand (Hagner 2008, S. 71). Wesentlich dafür verantwortlich war einerseits der Umstand, dass die Kybernetik die in sie gesetzten Hoffnungen bzw. an sie gestellten Erwartungen im wissenschaftlichen wie gesamtgesellschaftlichen Kontext schlicht nicht einzulösen vermochte und bereits nach relativ kurzer Zeit eine sich breitmachende Ernüchterung auf sich zog. Darüber hinaus aber schien die Souveränität des Menschen mehr und mehr zur Disposition zu stehen, während sich gleichzeitig ein Technikdeterminismus breit zu machen pflegte. „Hatte vorher eine Entlastung oder sogar Vervollkommnung der menschlichen Existenz im Mittelpunkt gestanden", wie dies vordergründig etwa in den Texten Benses, aber durchaus auch Wieners zu beobachten ist, „schob sich nun ein technokratischer Determinismus in den Vordergrund, der den optimistischen Zukunftsgesängen der Kybernetik einen empfindlichen Schlag versetzte" (Hagner 2008).[2] So sorgte beispielsweise der französische Germanist Pierre Bertaux mit seinen Überlegungen zur Kybernetik im Bereich der politischen Kultur im Europa der Nachkriegszeit für einiges Aufsehen. Formuliert in einer Rhetorik der Sorge um die europäische Identität gerade durch die Katastrophen des Zweiten Weltkrieges erweise sich die abzeichnende Technisierung von Gesellschaft als eine Möglichkeit der Erneuerung. Sogenannte „Staatsmaschinen" (Bertaux 1963) würden die Politik von Grund auf revolutionieren, da sie die Regierung im Prinzip übernehmen und menschliche Agency durch Informationsverarbeitungssystem ablösen könnten. Dieser als Epochenbruch empfundene Zustand der Technisierung führte dann auch zu einem neuen Verständnis des Menschseins. Es zeichne sich eine von Bertaux bezeichnete ‚Mutation' ab, die im Wesentlichen durch neue Kommunikationsmedium *hergeleitet* werde (vgl. auch Schmidt-Gernig 2005). Während Bertaux mit der neuen technisch-biologischen Evolution des Menschen (als ‚Mutation') und der Aussicht auf Staatsmaschinen provozierte, entwickelte sich in diesem Kontext eine theoretische Denkschule, innerhalb der eine unaufhaltsame Machtübernahme durch Technik in Aussicht gestellt wurde. „Mit dieser Zuspitzung führte sich das *therapeutische Potential der technischen Existenz* und implizit der Kybernetik selbst ad absurdum. Was kurz zuvor noch wie eine anthropologische Entlastung von den Bürden des Nationalsozialismus ausgesehen hatte, war unversehens in eine Neuauflage der diktatorischen Existenz umgeschlagen" (Hagner 2008, S. 65; eigene Hervorhebung).

---

[2]Für die Veränderungen im Umfeld der Medizin siehe auch u. a. Borck 1996, S. 12 ff.

Die Kybernetik ist mit Blick auf ihre Geschichte also immer schon als Kippbild zu begreifen, in dem sich das ‚therapeutische Potential' von Technik und das ‚destruktive', ja gerade ‚technikdiktatorische' Element einer technischen Existenz die Waage halten – je nachdem, in welche Richtung das Bild kippt. Und so ist auch eine kybernetische Kultur – vor allem in ihrer populärkulturellen Decodierung und Deutung – im selben Maße und vor allem zu gleichen Teilen von diesen beiden Polen geprägt. Auch wenn die Kybernetik als Universalwissenschaft kläglich scheiterte, bleibt „die in diesem Projekt virulent gewordene Fixierung des Verhältnisses von Mensch und Maschine eine unerledigte, vielleicht auch nicht zu erledigende Aufgabe, die uns aber jedenfalls weiterhin betrifft" (Hörl und Hagner 2008b, S. 18). Dass die mit der Kybernetik freigesetzte *Denkweise* der Neuauslegung von Mensch, Gesellschaft und Kultur im Horizont computertechnologischer Dynamiken eben nicht im selben Kellerraum der Wissenschaftsgeschichte verstaubt, in dem die Kybernetik zu Beginn der zweiten Hälfte des letzten Jahrhunderts abgestellt und eingeschlossen wurde, zeigt sich in besonderer Weise in den kontinuierlichen Entwürfen von kybernetischen Menschen in der Populärkultur. Dabei begegnen sich kybernetische Ansätze der Grenzüberschreitung und Verschaltung von Mensch und moderner Computertechnik sowie trans- und posthumanistische Diskurse über die fortwährende Optimierung des Körpers bzw. die technologische Neuerfindung des Menschen. Miteinander in Bezug gebracht innerhalb des Kippbildes kybernetischer Kultur zeigen populäre Erzählungen nicht nur das utopische wie auch dystopische Potenzial der Kybernetik (vgl. auch Pias 2004c), sondern machen immer wieder darauf aufmerksam, dass das Phänomen (oder besser: Phantasma) des informationstechnisch überarbeiteten und (potenziell) verbesserten Menschen in der Tat eine weder erledigte, noch zu erledigende Aufgabe darstellt. Wenn schon die Universalwissenschaft Kybernetik verschwunden ist, gilt es gerade den populären Interpretationen besondere Aufmerksam zu schenken, verhandelt sich doch genau dort das Wissen über eine kybernetische Kultur überhaupt – ihre Visionen und Bedeutungen, ihre Kritik und ihr destruktives Potenzial.

3.1 Continuum

Die kanadische Serie *Continuum* ist eine der jüngsten in einer langen Reihe von Erzählungen, die der kybernetischen Idee der Vollinformatisierung von Menschen und Gesellschaft im Rahmen fiktionaler Interpretation populärkulturelle Gestalt verleihen. CPS (City Protective Services) Polizistin Kiera Cameron (gespielt von Rachel Nichols) lebt in einer Zukunft im Jahr 2077, die sich durch technologische

3.1 Continuum

Vollstrukturierung auszeichnet – alles und jeder ist eingebunden in ein holistisches computertechnologisches System der Permanentbewachung. Durch gigantische Staatsverschuldungen sind die Regierungssysteme kollabiert und durch den sogenannten Corporate Congress der North American Union, dessen Großkonzerne die Staatsschulden aufgekauft haben, abgelöst worden. Im Gegenzug sind die souveränen Regierungen gegen ein Oligopol der mächtigsten Privatkonzerne ersetzt worden, an dessen Ratsspitze der gealterte Computerindustriemagnat Alec Sadler (gespielt von William B. Davis) alle Fäden in der Hand hält. In dieser Variation eines Orwellschen Totalüberwachungsregimes zeigen sich die Auswüchse eines – zumindest im Ansatz an Bertauxs kybernetischen ‚Staatsmaschine' orientierten – Informationsverarbeitungssystems wahrlich als Epochenbruch infolge der Technisierung. Allerdings gestaltet sich die ‚Mutation' von Mensch und Gesellschaft hier als eine, die bestimmt ist von einer vulgärkapitalistischen Großunternehmerphilosophie moderner Computerkonzerne, die die technische Erweiterung unter die Haut der Welt (im Sinne Benses) gnadenlos als Umstrukturierung gesellschaftlicher Ordnungen gegen ein öffentliches und freiheitliches, hingegen aber für ein privatkommerzielles Modell nutzen bzw. ausnutzen. Eine demokratische Grundordnung gibt es im Jahr 2077 nicht mehr, Hightech-Computersysteme überwachen schlichtweg alle und alles und zum Schutz der gehobenen Mittel- sowie natürlich der Oberschicht werden paramilitärische und technologisch hochgerüstete Schutzeinheiten – sogenannte Protektor – im Dienste des City Protective Services eingesetzt. Kiera Cameron, die Protagonistin der Serie, ist eine Protektorin und als solche ausgestattet mit einem kugelsicheren und feuerfesten kybernetischen Schutzanzug (Abb. 3.1) inklusive Datenverarbeitungsinterface. Neben einer Tarnfunktion besitzt dieser Anzug auch die Fähigkeit, die körperliche Kraft seiner Trägerin zu verstärken, elektrische Schockimpulse freizusetzen sowie ein Magnetfeld zur Ablenkung von Kugel zu errichten. Darüber hinaus ist

Abb. 3.1 Kiera Cameron im kybernetischen Anzug (inkl. Interface im Handgelenk) und mit Interfacewaffe. (© Showcase)

Kiera, wie alle anderen Protektoren, als Enhanced Human mit kybernetischen Implantaten versehen, wie etwa Retinaimplantaten zur Datendirektübertragung im Gesichtsfeld (Abb. 3.2), biometrischen Sensoren zur Erfassung und Bestimmung physiologischer und forensischer Informationen anderer Personen (beispielsweise um festzustellen, ob eine Person lügt oder um auf personenbezogene Datenbanken zugreifen zu können) als auch zur Vermessung und Auswertung von Umgebungsdaten (etwa die Relation bestimmter Objekte oder Personen in einem Raum), Thermosensoren sowie einem Datenspeicher, der permanent aufzeichnet, was Kiera sieht, hört, spricht etc., um diese Informationen zur späteren Auswertung exakt wiedergeben zu können. Über einen im Gehirn transplantierten CMR-Chip (Cellular Memory Review/Recall) ist Kiera rund um die Uhr an den zentralen Datenserver des CPS angebunden. Auf diese Weise also ist sie fortwährend mit dem ‚Hive' der Protektorzentrale verbunden.

In dieser fiktionalen Ausgestaltung kommt die Protagonistin einer Reihe von Erscheinungen nahe, die in ihren Entwicklungen durch und durch nicht-fiktional daher kommen. Der Robotikforscher und bis 2007 Direktor des Computer Science and Artificial Intelligence Laboratory am Massachusetts Institute of Technology (MIT) Rodney Brooks beispielsweise spricht in seinem 2005 in deutscher Übersetzung erschienenen Buch von sogenannten „Menschmaschinen" und entwirft das Bild einer Zukunft, in der Mensch und Gesellschaft durch „Zukunftstechnologien neu erschaffen" werden. Für Brooks (2005, S. 10) besteht kein Zweifel, dass „es in naher Zukunft zu einer Verschmelzung von menschlichen Körpern und Maschinen" kommt. Dabei jedoch wird der Mensch das Beste haben, „was Maschinen bieten können", „wir" aber werden „zugleich über unser biologisches Erbe verfügen, um den jeweiligen Stand der Maschinentechnologie zu steigern. Daher werden wir (die Roboter-Menschen) ihnen (den reinen Robotern) einen Schritt voraus sein." Der ‚Roboter-Mensch'-Kollege Hugh bildet hierfür nur ein Beispiel unter vielen. Denn Hugh, dem nach einem Unfall beide Beine amputiert

Abb. 3.2   Kiera Camerons ‚Blick' durch kybernetische Retinaimplantate. (© Showcase)

3.1 Continuum

werden mussten, war von „den Oberschenkeln aufwärts" noch immer „ganz Mensch, von Oberschenkeln abwärts dagegen ganz Roboter – und kein eleganter. Er war ein Roboterprototyp. Statt Knochen hatte er Metallschäfte, Computerplatinen befanden sich dort, wo normalerweise die Muskeln gewesen wären, Batterien waren mit schwarzem Klebeband angeheftet und Drähte hingen überall herunter." Hugh steht bei Brooks für einen „wirkliche[n] Cyborg!" (Brooks 2005, S. 234).

Neben den tatsächlichen technologischen Errungenschaften wie auch Zukunftsvisionen, die Brooks beschäftigen, arbeitet ein weiterer „wirklicher Cyborg" – der nach eigener Aussage zudem der erste sein soll – in Großbritannien. „This is the extraordinary story of my adventure as the first human entering into a Cyber World; a world which will, most likely, become the next evolutionary step for humankind", schreibt Kevin Warwick (2004, S. 1), Professor für Kybernetik an der University of Reading. Warwick, der in seinem Auftreten allerdings deutlich eleganter daher kommt als Brooks Kollege Hugh, ließ sich selbst mehrfach Mikrochips implantieren, um sein Nervensystem mit einem Computer zu verbinden. Menschen ohne integrierte Hardware sind nach Warwick alles andere als das Beste, was Evolution bieten kann. In der Menschmaschine bzw. im sogenannten „*Homo cyberneticus*" (Ferrando 2014, S. 220) sieht er den nächsten, wesentlichen Schritt human-technologischer Evolution und meint mit seinen Projekten darauf hingewiesen zu haben, dass kybernetische Implantate nicht nur funktionieren, sondern dass doch mit ihm als „the first human entering into a Cyber World" bewiesen wäre, dass Mensch und Maschine miteinander verschaltet eindeutig keinen düsteren Pakt schließen, sondern dass sich Cyborgs schlicht als betriebsfähig zeigen, „im Reellen also implementiert sind" (Kittler 1993, S. 61). Während es Alan Turing (1950, S. 434) noch für wenig sinnvoll erachtete ‚denkende Maschinen' mit „such artificial flesh" zu verkleiden, ist die ‚kybernetische Erweiterung' mit der ‚Menschmaschine' oder eben dem Cyborg nun sprichwörtlich auf den Leib gekommen. Die Verschmelzung des Menschen mit technologischer Hardware hat schon längst begonnen. Die hierin ersichtlichen ‚ernsthaften' Anstrengungen, den Menschen durch Technologie aus seiner biologischen Mangelhaftigkeit, aus seinem Zustand als Mängelwesen (Gehlen 1950) zu befreien, führen direkt zu einer durch die Kybernetik reformulierten Ontologie und Epistemologie des Menschen in einer ‚technologischen Umwelt', die nach den Prämissen einer ‚technischen Existenz', vor allem aber ‚Intelligenz' zu bemessen ist.

Die ‚wirklichen Cyborgs' Hugh sowie (den ersten seiner Art) Kevin Warwick und den ‚fiktionalen Cyborg' Kiera Cameron der Serie *Continuum* nun einen eine gemeinsame Vision, jedoch mit unterschiedlichem Ausgang. Die technologische Transformation des Humanen bei Rodney Brooks wie auch bei Warwick zeugt von einer nachgerade ‚Naturalisierung' des artifiziellen Ineinandergreifens von Biologie und Computertechnologie innerhalb eines zutiefst positiven Narratives über das, was die Zukunft der ‚technischen Existenz' für den Menschen bereitzuhalten imstand sein kann. Das zunächst noch irritierend wirkende Auftreten des Roboter-Mensch-Kollegen Hugh markiert zumindest bei Brooks die Referenz auf einen gesellschaftlichen Entwurf, in dem die Irritation in ‚Normalität' übergeht. Der Roboter-Mensch, der mit einem kollektiven ‚wir' entmystifiziert und dem alles Unheilvolle entzogen wird, avanciert zu einem Hybridkörper, der sich allen Postulaten um eine Entgrenzung von Mensch und technologischer Umgebung entzieht. Die Allianz von „biologische[m] Erbe" (Brooks 2005, S. 10) und Technik macht die Menschmaschine nicht nur wissenschaftlich denkbar und populär erzählbar, sondern auch unmittelbar lebbar (vgl. auch Mainzer 2010). Und wenn die ‚Roboter-Menschen' den ‚reinen Robotern' immer ‚einen Schritt voraus' sind, ist eine Herrschaftsübernahme durch Technik – naiv oder nicht – im Sinne computerwissenschaftlicher Logik schlichtweg antinomisch. Das gilt für Brooks genauso wie für Warwick, der nachweislich ebenso ein Zukunftsbild der technischen Welt, die dem Menschen auf verschiedene Weise zu Diensten sein wird, in bunten Farben ausmalt.

Solcherart Visionen über eine technologisch von Grund auf revolutionierte Welt haben in den letzten Jahren weitere (visionäre) Denkschulen ins Leben gerufen, von denen der sogenannte Transhumanismus die (auch populärkulturell wohl prominenteste) darstellt.[3] Als Bewegung in den späten 1980er Jahren gestartet, geht es Transhumanisten darum, durch den Einsatz von Wissenschaft und Technologie die menschliche Evolution radikal zu verändern (Ferrando 2014, S. 221). Gleichzeitig bemüht man sich um betont konsensfähige Positionen, eingebettet in einen allgemeinen ‚Wertediskurs' um das Transhumane (vgl. Bostrom 2003, 2005a und 2008). Nick Bostrom (2005a, S. 1) etwa will in diesem Sinne festgehalten wissen, dass im Unterschied zu anderen ethischen Anschauungen, die in der Praxis doch zumeist reaktionäre Ansichten zu neuen Technologien pflegen, die transhumanistische Sichtweise von einer Vision geleitet wird, die eine proaktive Haltung zu einem technologischen Grundsatz einnimmt. „This vision, in broad strokes, is to create the opportunity to live much longer and healthier lives,

---

[3]Die transhumanistische Bewegung überschneidet sich mit Positionen anderer Denkschulen wie dem Posthumanismus, dem Antihumanismus, dem Metahumanismus und dem Ansatz des New Materialisms. Für einen Überblick vgl. Ferrando 2013.

3.1 Continuum

to enhance our memory and other intellectual faculties, to refine our emotional experiences and increase our subjective sense of well-being, and generally to achieve a greater degree of control over our own lives." Transhumanisten verpflichten sich danach im Grunde selbst zur ständigen Optimierung, wobei Technologie das „Primärinstrument" darstellt, mit dem überhaupt nachhaltig effektive Veränderungen am Menschen vorgenommen werden können (vgl. More 2013). Eingefordert wird eine „morphologische Freiheit" als Grundvoraussetzung einer Selbsttransformation durch Technologien wie Genetic Engineering, Nanotechnik oder durch das Mind Uploading (vgl. More 1993). Dabei wird umfassend an die Theorietradition der Kybernetik angeschlossen und konsequent auf die positiven Möglichkeiten durch technologische Weiterentwicklung gesetzt. Mit Blick auf die Auswirkungen auf den menschlichen Körpers wird dies wohl mit am deutlichsten in Natasha Vita-Mores Projekt *Primo Posthuman* zum Ausdruck gebracht (Abb. 3.3).

Vita-Mores Zugang ist dabei vor allem entlang spekulativer Positionen über zukünftige Potenziale von Technologie ausgerichtet, wenn sie ihre Vorstellungen über das Body Enhancement hauptsächlich über ein designtheoretisches Verständnis herleitet. Die Ausgangssituation ist dabei mehr oder weniger folgende:

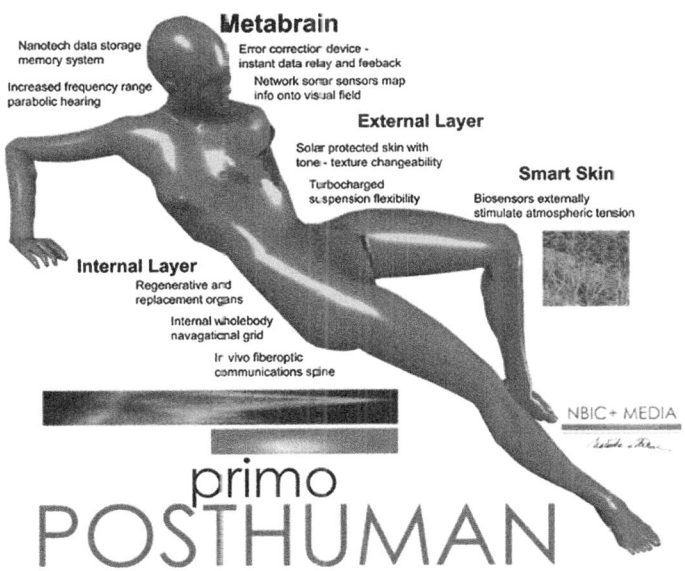

Abb. 3.3 „Primo Posthuman". (Aus Vita-More 2012, S. 268)

Man stelle sich vor, wir Menschen erreichen irgendwann im Verlauf unseres Lebens einen Status, in dem wir tatsächlich in der Lage wären, infolge der Nutzung avancierter Technologien wie etwa der NBIC-technologies zwischen verschiedenen Trägermedien – biologisch wie auch technologisch – hin und her zu wechseln. Als „software-based humans" (Kurzweil 2005, S. 325) legt diese Visionen – dem Ansatz des Moravecschen Mind Uploadings prinzipiell verbunden (Moravec1990 und 1999) – zunächst eine Entkopplung von Körper und Geist nahe. Katherine Hayles hat dies in ihrem Buch *How We Became Posthuman* (1999) zu Recht kritisiert (vgl. Kap. 2 in diesem Buch). Vita-More teilt im Grundsatz zwar Hayles' Skepsis gegenüber einer Entkopplung von Körper und Geist. Allerdings entwirft sie ein Vorstellung von sogenannten Whole Body Prosthetics, die die Optimierung des Körpers auf Grundlage eines kybernetischen Bauplans vorsieht: „,Primo Posthuman' was developed as a possible future human prototype, constructed with emerging and speculative technologies, which functions both as a primary replacement body and as a secondary, adjunct body" (Vita-More 2012, S. 64).

Primo Posthuman ist als ein Konzept zu verstehen, das auf den Theorien der Kybernetik sowie den Überlegungen zum Cyborg aufbaut und nach den Möglichkeiten einer Zukunft für den Menschen als Transhuman fragt. Wenn die „kybernetische Erweiterung der neuzeitlichen Technik" als eine „Erweiterung unter die Haut der Welt" (Bense [1951] 2000, S. 476) zukünftig eine 360 Grad-Modifikation von Mind, Body und Umwelt möglich machen kann, dann wäre *Primo Posthuman* als (denkbare) Blaupause für einen Smart Body zu sehen, den man entweder als Alternative für den eigenen biologischen Körper nutzt, man sich also in diesen Smart Body herunterlädt („primary replacement body"), oder den man als Konstruktionsvorlage für organisch-anorganische Hybrid Bodies versteht, auf dessen Basis man seinen biologischen Körper entlang der Tools von *Primo Posthuman* entsprechend aufwertet („secondary, adjunct body").

Innerhalb der kulturellen und erkenntnistheoretischen Grundordnung des Denkens im Transhumanismus verschiebt sich somit das Diskurszentrum um das ‚Normale' (Link 1997) infolge der Suche des zukünftigen, des transhumanen Menschen nach den Möglichkeiten einer technologischen Überbietung und Neuerfindung seiner selbst hin zu einem in sich höchst fragilen Feld des „Hypernormalen" (Cuntz 2007). Gemeint ist damit in etwa Folgendes: Wenn für das Individuum „die Versicherung durch den Bauch der Mitte der Normalität" aufgekündigt wird, damit sich das Individuum im Gegenzug in ständiger Hektik angesichts der „Forderung nach Bestleistung" immer wieder neu behaupten muss, steigt die Risikozulage, „hinter diesen Selbst-Ansprüchen als defizitär und invalide zurückzubleiben" (Cuntz 2007, S. 68). Dem zu beggnen, erfordere nachgerade den Zwang nach Überbietung und

3.1 Continuum

Regulation und damit nach Optimierung im Horizont des Hypernormalen. Hypernormalität beschreibt demnach vorrangig eine Entwicklung, „in welcher der Imperativ der andauernden Selbst-Optimierung als Selbst-Überbietung dazu führt, dass das Subjekt nur durch Eingriffe an Körper und Psyche […] in der Lage ist, die zur Regel gewordenen oberen Ausnahmestandards zu erfüllen – Hypernormalität erfordert eine enhanced version des eigenen Ich" (Cuntz 2007, S. 69). Wenn nun das Hypernormale den Status quo markiert (soweit es einen Status quo im Zuge permanenter Optimierungszwänge überhaupt noch geben kann), sieht sich das Subjekt zu einem Prozess fortwährender Optimierung gezwungen und gleichzeitig einer doch selbst auferlegten Zwangsvorstellung ausgeliefert, zu einem sich selbst überbietenden ‚Hyper-Subjekt' zu werden, welches nie in seiner inneren Mitte ruhen kann, sondern in einem ständigen Widerstreit mit sich selbst steht (was will ich, was kann ich, was kann darüber hinaus erreicht werden?). Der jüngere Diskurs um ein Human Enhancement dient dabei im Prinzip auch als indirekte Blaupause, vor dem Hintergrund eine gesellschaftliche Leistungsideologie zur re-diskursiven Verhandlung des Normalen als ‚das Hypernormale' angeboten wird, die für gegenwärtige westliche Gesellschaftsordnungen wohl bezeichnend zu sein scheint: von Fitness- und Schönheitswahn über auch medikamentös unterstützte Verbesserung der kognitiven und körperlichen Leistungsfähigkeit bis hin zu Ideen um biotechnologisches Enhancement. Das Hypernormale als ständige und beständige Überbietung des Normalen ist dabei kein ausgegrenztes, dem Normalen also äußeres Phänomen. „Vielmehr geht es um die konsequente Steigerung der gleichen Prinzipien – dabei sind aber *growth*-Raten gefordert, die sich in ihrer Geschwindigkeit nicht mehr in der behutsam-kontinuierlichen diachronen Steigerung des Durchschnitts einfangen lassen" (Cuntz 2007, S. 69). Hypernormalismus ist danach ein „extrem beschleunigter Normalismus" (Cuntz 2007, S. 69), der sich an den jeweils gegebenen gesellschaftlichen Standards einer Optimierungslogik orientiert. Gleichzeitig entsteht im Horizont dieses Hypernormalismus eine Form von Regulierung, die „keinen externen Maßstab, keine externe Norm" (Cuntz 2007, S. 69) mehr kennt. Gemeint ist damit natürlich nicht die Auflösung einer Fremdreferenz als Orientierungsrahmen, sondern die Vereinnahmung der Fremdreferenz als Basiseinheit für eine als Selbstreferenz verstandene Normierung von Standard. Der beschworene „Bauch der Mitte" (Cuntz 2007, S. 69) also wird abgelöst durch eine Leistungsideologie, die sich letztlich an systemischen Regulierungsmechanismen festzumachen scheint, die die Individualität als Durchschnitt der Überbietung verhandelbar machen soll. Individualität als *outcome* einer durchführbaren Verfasstheit der „*enhanced version* des eigenen Ich" (Cuntz 2007, S. 69) – oder eben des Hyper-Subjektes innerhalb transhumaner Leistungsideologie. Die computertechnologische Aufwertung des Menschen durch das Einsetzen unterschiedlicher Technologien im Verständnis der Produktion *mensch-maschineller Hyper-Subjekte* ist dem kybernetischen Diskurs allerdings auch immer schon eingeschrieben (vgl. Rieger 2003, S. 22). Der ‚Bauch der Mitte' wird darin ersetzt durch Steuerungsprozesse und Regulierungsmechaniken computerbasierter Prozesse, die hierin gezielt als Absorption einer artifiziellen Fremdreferenz als Basiseinheit für Selbstreferenz im Sinne des ‚hypernormalen Standards' kybernetischer Kultur zu verstehen sind. Ziel ist dabei schlichtweg die Synchronisierung eines Enhancements des Menschen bzw. des menschlichen Körpers mit den Optimierungsweisen computerbasierter Prozesse.[4]

Die Idee der kybernetischen Aufwertung des menschlichen Körpers durch *advanced technology* entlang der Möglichkeiten primär spekulativer Technikentwicklungen – und damit immer auch die Produktion kybernetischer Hyper-Subjekte – nun teilen sich transhumanistische Visionen wie Vita-Mores *Primo Posthuman* und Serienerzählungen wie *Continuum* (hier gerade mit Blick auf den Entwurf der Figur Kiera Cameron). Während aber innerhalb des transhumanistischen Diskurses – mit seinen vielen verschiedenen theoretischen Positionen und Denkrichtungen (vgl. u. a. Ranisch und Sorgner 2014) – vorzugsweise auf die individuellen Auswirkungen der technologischen Transformation des Körpers abgehoben wird (Optimierung wird hierbei immer als individuelle ‚Selbst-Optimierung' propagiert), zeichnen sich populäre Erzählungen wie *Continuum* gerade dadurch aus, dass sie ein größeres Bild hinsichtlich der immer auch soziokulturellen und politischen Konsequenzen durch technologische Entwicklungen entwerfen. „No specific predictions, however, are essential to transhumanism", schreibt prominent Max More (2013, S. 15). „Transhumanism is defined by its commitment to shaping fundamentally better future as defined by values, goals, and general directions, not specific goals." Durch das bewusste Ausklammern einer kritischen Reflexion auch größerer Entwicklungslinien dessen, was eine transhumanistische Vision der Zukunft zu sein verspricht soll, offenbart sich eine unspezifische, zum Teil auch konsequent naive Denkweise, der mit der re-kontextualisierenden Produktivkraft gerade populärer Erzählungen begegnet werden kann. Diese Produktivkraft zeig sich vor allem im Sinne einer zutiefst politisierenden Strategie (vgl. hierzu ausführlicher Kap. 5 in

---

[4]Der Soziologe Hartmut Rosa hat dies im Rahmen seiner Zeitdiagnose der „Beschleunigungsgesellschaft" (2005) mit dem Begriff der „Entfremdung" des Subjektes (2011) auf den Punkt gebracht. Die dabei entstehenden Spannungen zwischen der (An-)Forderung nach Synchronisierung von Mensch/Körper und digitalen Medien und dem Unvermögen des menschlichen Körpers, dies unter Maßgabe derselben „temporal-strukturellen Veränderungstendenzen" (Rosa 2011, S. 221) moderner Medienprozesse vorzunehmen, können dabei als ein wesentlicher Ausgangspunkt des transhumanistischen Diskurses ausgemacht werden (vgl. Stollfuß 2016).

diesem Buch) der fiktionalen Auseinandersetzung mit den größeren Entwicklungslinien einer kybernetischen Kultur (und in diesem Kontext immer auch den Visionen des Transhumanismus) (vgl. auch Hayles 2011a).

Die Konfliktlinien stoßen sich dabei nicht nur an einer ganzen Reihe ethischer und moralischer Fragen im Zusammenhang mit Barrieren des Zugangs zu verschiedenen technologischen Optimierungstools und den damit verbundenen Bedingungen von Gleichberechtigung, sondern immer auch – und gerade – an ökonomischen Aspekten. So hat etwa Klaus Mainzer in seiner Beschäftigungen mit der zunehmenden Vernetzung und Ausbreitung sogenannter Cyberphysical Systems – die als Update der Benseschen (2000, S. 476) Vorstellung einer kybernetischen Erschließung der „Feinstruktur von Welt" verstanden werden können – festgehalten: „Komplexe Netzwerke und Cyberphysical Systems durchdringen bereits unseren Alltag und unser Leben. Sie sind die Maschinen, mit denen die Menschheit in einem Superorganismus zusammenwächst" (Mainzer 2010, S. 235). Allerdings offenbaren sich innerhalb dieses kybernetischen Superorganismus' auch Zukunftsperspektiven, die neue Herausforderungen schaffen. Diese können etwa Fragen im Umgang mit Patenten und Monopolen sein. Am Beispiel des US-amerikanischen Biochemikers und Unternehmers Craig Venter macht Mainzer (Mainzer 2010, S. 236) deutlich, welche potenziellen Gefahren im Zusammenhang mit der Monopolbildung für synthetische Organismen und Biopatente lauern. Für die Firma Celera Genomics war es Venter und seinem Team im Ausgang des letzten Jahrhunderts gelungen, das menschliche Genom zu sequenzieren und Erbgut selbst künstlich herzustellen – als privatkommerzieller Konkurrent zu dem aus öffentlichen Mitteln finanzierten Human Genome Project (HGP). Im Anschluss an die Ergebnisse des Venter-Forschungsteams, das eine schnellere Methode zur Sequenzierung verwendete als die Forscher_innen im Human Genome Project, beantragte Celera Genomics sodann zügig eine Reihe Patente (vgl. Reynolds 2000). „Wie in der IT-Branche wurde bereits ein Microsoft der Synthetischen Biologie beschworen. Um solchen Trends entgegenzuwirken, müssen Wissensmärkte mit frei zugänglichen Ressourcen garantiert werden" (Mainzer 2010, S. 236).

Freie und öffentlich zugängliche Wissensmärkte sind allerdings nur dann möglich, wenn es eine systemische Infrastruktur gibt, die dies auch zulässt. Was aber, wenn der kapitalistische Imperativ dies abschließend vollständig durchkreuzt und eine Regierung dagegen machtlos ist – bzw. gleich ganz abgeschafft wird. *Continuum* erzählt eine solche Zukunft, in der die Unterdrückung durch Großindustrielle den Status Quo einer Gesellschaftsordnung markiert und in der alle demokratischen, freiheitlichen Standards ausgehebelt wurden. Dabei erzählt die Serie in einem Zusammenspiel mehrerer Zeitebenen die Auswirkungen des technologischen Wandels primär im Jahr

2077 sowie die sich innerhalb der Diegese ab dem Jahr 2012 abzeichnenden computertechnischen Entwicklungen, die zu dem computerindustriellen Unterdrückungsregime der Zukunft führen (könnten).[5] Im Vancouver der Zukunft werden die Terrorist_innen der Widerstandsgruppe (gegen die Übermacht des Corporate Congress) Liber8 unter der Führung von Edouard Kagame (gespielt von Tony Amendola) infolge eines vermeintlichen Unfalls während ihres angesetzten Hinrichtungsprozesses (als Strafe dafür, dass sie mittels eines Bombenattentates den Großteil der Mitglieder des Corporate Congress sowie tausende Unschuldige umgebracht haben) in das Vancouver des Jahres 2012 katapultiert. Kiera Cameron, die während der Hinrichtung als Protektorin das Prozedere zu beaufsichtigen hatte, wird ebenfalls aus ihrer Zeit in die Vergangenheit – und für die Zuschauer_innen erzählte Gegenwart – transportiert. „2077. My time, my city, my family. When terrorists killed thousands of innocents, they were condemned to die. They had other plans. A time travel device sent us all back 65 years. I want to get home, but I can't be sure what I will return to if history is changed. Their plan: to corrupt and control the present, in order to win the future. What they didn't plan on was me", heißt es demgemäß auch im Vorspann der ersten zwei Staffeln. Im Verlauf der ersten beiden Staffeln werden die Mitglieder von Liber8 – insbesondere durch die Perspektive der Protagonistin und vor dem Hintergrund ihres vermeintlich sicheren Wissens aus der Zukunft – als totbringende Terrorist_innen markiert, die es bis auf die/den letzte/n zu stoppen gilt. Zu diesem Zweck schließt sich die kybernetisch aufgerüstete Kiera der örtlichen Polizei an, um die Gruppe Liber8 – die recht schnell gegen das kapitalistische System der erzählten Gegenwart ‚in den Krieg' zieht und auch im Vancouver des Jahres 2012 vor nichts zurückschreckt (von gewalttätiger Bedrohungen über Erpressung bis hin zu Mordanschlägen) – zu stoppen. Unterstützung erhält Kiera neben dem sich zu ihrem direkten Kollegen entwickelnden Carlos Fonnegra (gespielt von Victor Webster) vor allem von dem jungen Alec Sadler (gespielt von Erik Knudsen). Im Jahr 2012 angekommen, kann Kiera zwar nicht mehr über ihren implantierten Chip mit der Zentrale des CPS kommunizieren, dafür jedoch mit Alec, der – inszeniert als Computernerd – versteckt in der Scheune des Hauses seiner Mutter und ihres Lebensgefährten ein Computerlabor eingerichtet hat (Abb. 3.4). Alec wird die Technologie, die Kiera in der Zukunft

---

[5]Im Verlauf der vierten und letzten Staffel treten zusätzlich hoch aufgerüstete Soldat_innen auf den Plan, die aus einer alternativen Zukunft des Jahres 2038 stammen, ausgelöst durch einen Zeitsprung des jungen Alec Sadler (gespielt von Erik Knudsen) zum Ende der zweiten Staffel. Darüber hinaus – ebenfalls ausgelöste durch Sadlers Zeitsprung – versuchen im Verlauf der dritten Staffel sogenannte Freelancer als ‚Zeitwächter' die Schäden durch die Entwicklung unterschiedlicher Zukunftsentwicklungen infolge der Zeitsprünge zu korrigieren.

Abb. 3.4   Der junge Alec Sadler in seinem geheimen Computerlabor. (© Showcase)

Abb. 3.5   Alec entdeckt die Überwachung durch Kieras kybernetische Optimierungen. (© Showcase)

zur technologischen Aufrüstung und Vollüberwachung durch das CPS nutzt, in Umlauf bringen. Genauer: Im Jahr 2012 arbeitet er bereits an einer experimentellen Form des Kommunikations- und Überwachungssystems („a next-gen, liquid chip experimental frequency that is encrypted from my end"), welches allerdings noch nicht vollständig einsatzbereit sein kann. „I haven't put the tech your talking on in to circulation yet, so how the hell do you have it?", entgegnet Alec Kieras Fragen („A Stitch in Time", Staffel 01, Episode 01). Durch die verschlüsselte Frequenz hat Alec, wie er herausfindet, vollen Zugriff auf Kieras kybernetische Bauteile (Abb. 3.5).

Er hört und sieht, was Kiera hört und sieht und kann auf Kieras CMR-Chip zugreifen – und damit auch auf alle ihre ‚gespeicherten audiovisuellen Erinnerungen'. Der junge Alec wird schnell zu Kieras Verbündeten und hilft ihr Zugang zur Polizei zu erhalten. Nachdem ihre Tarnung als Detective Linda Williams, die Kiera zuvor in den Fernsehnachrichten gesehen hat und als die sie sich zunächst ausgibt, auffliegt, hilft ihr Alec bei der Erschaffung einer speziellen Antiterroreinheit der Regierung namens Section Six, sodass sich Kiera als Special Agent und Spezialistin für Angelegenheiten der terroristischen Aktivitäten der Gruppe Liber8 ausgeben kann. Zumindest vorerst als Agent in das Police Department integriert, kann Kiera nicht nur mit ihrem Wissen aus der Zukunft, sondern auch mit ihren kybernetisch optimierten Kräften – sowie mit Unterstützung des jungen Alec Sadler, der ihr durch seine Computer- bzw. Hackerfähigkeiten zur Seite steht – der Polizei helfen und gegen die Mitglieder von Liber8 vorgehen.

In der direkten Gegenüberstellung der computertechnologisch verbesserten Kiera als kybernetischem Hyper-Subjekt mit ihren durch und durch ‚normal'-befähigten Kolleg_innen im Kampf gegen Liber8 – und dessen vorläufigem (und nach Kagames Tod erneutem) Anführer Travis Verta (gespielt von Roger R. Cross) als ebenfalls kybernetisch aufgebesserten und militärisch ausgebildeten Supersoldaten – werden normale und hypernormale Ordnungen fortwährend gegenübergestellt und gegeneinander ausgespielt. Was aber als (notwendig unfaires) Wechselspiel zwischen der ‚hypernormalen Ordnung' einer kybernetisch optimierten Zukunft und einer ‚normalen Ordnung' der informationstechnologisch unterstützten, jedoch noch lange nicht so derartig durch und durch bestimmten Gegenwart (die sich in *dieser* Verfasstheit noch machtlos gegen die Attacken von Liber8 zeigen muss) beginnt, entfaltet sich infolge der parallelen Erzählweise der Serie von Gegenwart und Zukunft als unvermeidlich aufeinander bezogene Kausalität. Die fortschreitende Technisierung einerseits sowie die Unterfinanzierung öffentlicher Institutionen wie etwa der Polizei in der erzählten Gegenwart andererseits führen unter anderem dazu, dass das Unternehmen Piron – im Jahr 2077 unter den 20 führenden Konzernen – im Laufe der Serie die Polizei finanziell unterstützt und zunehmend massiven Einfluss auf die Arbeit im Department nimmt. Noch verstärkt wird die zunehmende Unfreiheit der Polizeiarbeit durch den Beitritt von Inspector Jack Dillon (gespielt von Brian Markinson) in den Vorstand des Unternehmens, um dort die Verschränkung von privatwirtschaftlichen Interessen und der Optimierung der Polizeiarbeit in Vancouver (und prinzipiell auch darüber hinaus) weiter voranzutreiben, um so die Schlagkraft der Polizei gegen die immer heftigeren Attacken von Liber8 zu erhöhen: „Front line policing is the new military. The advanced troops, so to speak. And every police force around the globe will need new solutions for crime and civil unrest", so Dillon in einer Piron-Vorstandssitzung, worauf der mittlerweile ins Big Business eingestiegene junge Alec Sadler ergänzt: „Piron is ready to grow that market with technology that we already own. We increase our profits, positively affect community values and free up capital that we can use to make people's lives better" („Minute Changes", Staffel 03, Episode 04).

Darüber hinaus wird in Episode „Minute to Win It" (Staffel 03, Episode 03) offenbart, in welchen Feldern Piron privat finanzierte Forschungsarbeit betreibt: von genetischer Manipulation zur Prothesenherstellung über fernsteuerbare Drohnen für militärische Verteidigungszwecke bis zu Formen des Life Enhancements durch optogenetische Neurotransmitter (d. h. genetische Manipulation lichtempfindlicher Proteine zur Modifikation und Kontrolle bestimmter codierbarer DNA im Gehirn),

3.1 Continuum

die als Wearables zur kommerziellen Vermarktung gedacht sind (Abb. 3.6). Pirons revolutionärer Vorstoß im Bereich Wearable Smart Technologies kann jedoch nur durch die Manipulation mit Technik aus der Zukunft (die eigentlich frühestens im Jahr 2028 erfunden sein sollte) unternommen werden. Als Alec im Verlauf der dritten Staffel den CMR-Chip der zweiten Kiera Cameron entwendet, kann er nur durch das Klonen der organischen Bestandteile des Chips und das Integrieren der entsprechenden DNA in den Nanoschaltkreis des neuen Piron-Produktes das experimentelle Wearable – Halo genannt (Abb. 3.6) – auch tatsächlich funktionsfähig für den kommerziellen Markt gestalten.

In diesem Zusammenhang wird der junge Sadler diegetisch auch als neue Version von Steve Jobs („if hype holds true, tomorrow you'll become the next Steve Jobs"; „Last Minute", Staffel 03, Episode 13) gehandelt, der in der Erzählung der Serie *Continuum* – den PR-Strategien von Apple nachempfunden (Abb. 3.7) – Halo einer Tech-Fan Community vorzustellen hat, die schon gespannt auf ihr neues Smart Media Gadget wartet. Das begehrte Wearable, das eine Überwachung auf allen Ebenen verspricht, wird im Hochglanzwerbespot der Firma Piron mit folgenden Worten präsentiert: „Peace of mind. It comes from knowing that your people are watching out for you, like your family doctor, your therapist, your personal trainer, your nutritionist, your physiotherapist, your entire health and well-being team. But who can afford all that specialized care? You can. Meet Halo, your

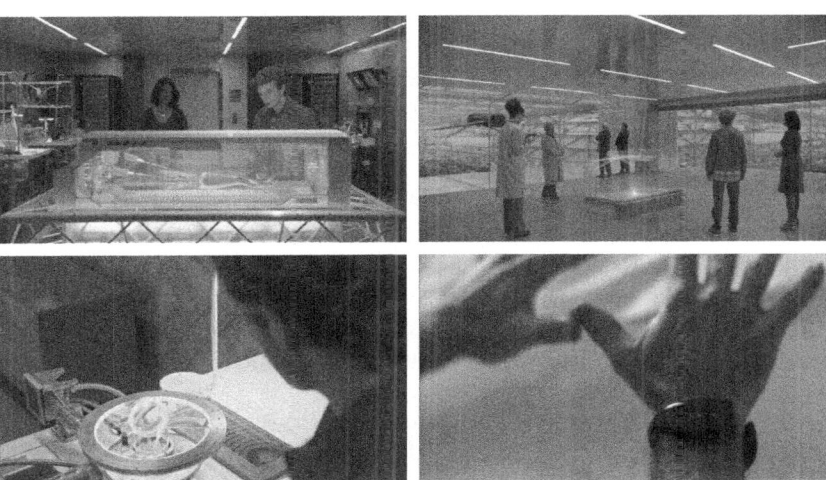

Abb. 3.6 Pirons Forschung (genetische Manipulation, Drohnentechnologie und Life Enhancement). (© Showcase)

Abb. 3.7 Alec Sadler bei der Präsentation von „Halo" vor seiner Fan Community. (© Showcase)

health and lifestyle oracle. Real-time medical monitoring and disease prevention now within reach. This is what peace of mind looks like" („3 Minutes to Midnight", Staffel 03, Episode 11). Die technologische Permanentüberwachung im Kontext der Quantified-Self-Bewegung als jüngste Neuauflage kybernetischer Theorietradition (vgl. u. a. Missomelius 2016) innerhalb der Smart Media Culture des 21. Jahrhunderts bildet in der Fiktion der Serie mithin die Hintergrundfolie, vor der die Selbstvermessungspraktiken durch smarte Medien als weitere Verfestigung der neoliberalen Selbstunterwerfung des Menschen zugespitzt werden.

Darüber hinaus zeichnet sich im Verlauf der dritten Staffel noch deutlicher das Hervorheben rücksichtsloser Konzernstrategien ab. Insbesondere am Beispiel des Chemiekonzerns Sonmanto – als Anagramm für den US-amerikanischen chemie- und agrarwirtschaftlichen Biotech-Konzern Monsanto (Creve Coeur, Greater St. Louis, Missouri) – werden die egoistischen, profitorientierten und schließlich destruktiven Taktiken (von illegalen Geschäften über illegitime Firmenübernahmen bis hin zu Verwicklungen in terroristische Machenschaften) der Großkonzerne in der erzählten Gegenwart betont. In den 10er Jahren des 21. Jahrhunderts, so letztlich der Tenor der Serie, sind bereits die Strukturen einer technologischen Durchdringung der gesellschaftlichen Ordnung im Verständnis der kybernetischen Kultur einer neoliberalen Kapitalisierungsideologie zugrunde gelegt, die in der Zukunft der 70er Jahre desselben Jahrhunderts – aus welcher der alternde Alec Sadler Kiera Cameron und die Mitglieder von Liber8 in der Zeit zurück schickte – zum Unterdrückungsregime des Corporate Congress und dessen kybernetischer Überwachungsstaatsmaschine führen sollen.

Gleichzeitig erfährt die Figurenzeichnung der Serienprotagonistin Kiera innerhalb der dritten Staffel zunehmend eine Wendung: vom systemüberzeugten Protektor hin zur zweckgerichteten Unterstützerin der Terroristen Liber8, wenngleich sie deren Ideologie auch weiterhin rigoros ablehnt. Durch die parallele Erzählweise zwischen Gegenwart und Zukunft wird nach und nach die

3.1 Continuum

Fremdgesteuertheit der Protektoren durch das CPS in der Zukunft als keineswegs im Sinne einer gemeinschützenden Wohltätigkeit, sondern als primär den Zielen des Corporate Congress dienlichen Schutzarbeit enttarnt (Abb. 3.8). Kiera nimmt die destruktiven Konzerntaktiken bzw. vor allem die sich abzeichnenden problematischen Verquickungen zwischen Privatwirtschaft und Polizei, ähnlich wie ihr Kollege Carlos, demgemäß mit ansteigender Missbilligung zur Kenntnis. Darüber hinaus hat auch sie mittlerweile erfahren, dass der Zeitsprung aus der Zukunft des Jahres 2077 in das Vancouver der erzählten Gegenwart tatsächlich kein Unfall war: Eingefädelt als Auswegstrategie aus dem von Großkonzernen unterwanderten Gesellschaftssystem der Zukunft war es der gealterte Alec Sadler selbst, der die Gruppe Liber8 als auch Kiera in der Zeit zurück ins Jahr 2012 schickte. Denn selbst nicht mehr in der Lage, das undemokratische Herrschaftsregime des Corporate Congress zu beenden – also sich dem Imperativ der kapitalistischen kybernetischen Staatsmaschine entgegenzustellen – blieb dem Computerindustriemagnaten augenscheinlich nichts anders übrig, als sein technologisches Knowhow dafür einzusetzen, die vulgärkapitalistische Ausdehnung einer selbstsüchtigen Großkonzernphilosophie zu Beginn des 21. Jahrhunderts – die später zum Ersatz für demokratische Regierungen führen wird – durch die Manipulation der Zeitentwicklung zu verhindern. Im Vancouver der erzählten Gegenwarte nun

Abb. 3.8 CPS-Fernsteuerung von Kiera in der Zukunft („System Override", „Move on, soldier"). (© Showcase)

beginnt Kiera energischer ‚ihre' Zukunft im Jahr 2077 zu hinterfragen bzw. sich letztlich davon zu distanzieren.

Am Ende der vierten und letzten Staffel der Serie gelingt ihr auch schließlich der Sprung zurück in ‚ihre' Zeit des Jahres 2077. Dort angekommen warten bereits Edouard Kagame und Alec Sadler auf sie. Das freundliche Verhältnis Kagames zu Sadler deutet bereits darauf hin, dass sich die Zukunft infolge der Interventionen im Vancouver ab dem Jahr 2012 auf eine Weise verändert zu haben scheint, die eine positivere Grundordnung der Gesellschaft verspricht. Liber8, wie Kagame Kiera berichtet, ist lediglich eine Fußnote in der Geschichte um die barbarische und unzivilisierte Zeit der Ausschreitungen gegen den wachsenden Einfluss von Unternehmen auf das soziale Gefüge der Gesellschaft zu Beginn des 21. Jahrhunderts. Beides konnte im Laufe der Zeit unterbunden werden. Der Schuldenaufkauf der Regierungen durch Großkonzerne hat niemals stattgefunden und damit entstanden weder der Corporate Congress noch der City Protective Service. Ohne den Staatskollaps und die Übernahme eines durch Unternehmen bestimmten Ordnungssystems anstelle einer demokratischen Regierung blieben auch die Revolution und die terroristischen Attentate von Liber8 aus.

Das alles hat allerdings einen bitteren Preis. Denn durch die Veränderung der Zeitentwicklung ist nicht nur die Welt im Jahr 2077 von der kybernetischen Unterdrückungsstaatsmaschine verschont geblieben. Das Leben der Kiera Cameron und ihrer Familie nahm ebenfalls einen anderen Verlauf. Um eine Zukunft frei von Terror und Regimeunterdrückung sicherstellen zu können, kann Kiera nicht mehr ‚ihren' Platz im Jahr 2077 einnehmen und zu ihrer Familie – allen voran zu ihrem Sohn Sam (gespielt von Sean Michael Kyer) – zurückkehren. In ‚ihrer' Zeit angekommen bleibt Kiera nichts anderes übrig, als dabei zuzusehen, wie Sam mit seiner – durch die veränderte Zeitausbildung auch innerhalb dieser Zeitlinie sich entsprechend anders entwickelnden – Mutter Kiera Cameron familiär-harmonisch in einem Park Zeit verbringt (Abb. 3.9). Die kybernetisch

Abb. 3.9 Kiera trifft in der Zukunft auf eine ‚alternative Kiera', die mit ihrem Sohn im Park spielt. (© Showcase)

verbesserte Kiera aus der Zukunft ist nun – *in ihrer Zukunft angekommen* – ebenso buchstäblich aus der Zeit gefallen; ein Zaungast (in) der Geschichte. „You made a better world, Kiera. [...] This is the price for making the world a better place. *This* Sam will grow up in a world free of violence, free of revolution, free of corruption. His future is bright. And it's because of you, Kiera. That's the price of love. Real love. You'll understand in time", erklärt Alec („Final Hour", Staffel 04, Episode 06). Das kommt zwar reichlich sentimental daher, ist allerdings innerhalb des Zeitreisenarratives letztlich konsequent. In welche Zeit auch immer Kiera aus der Gegenwart in die Zukunft zurückkehrt, ‚ihre' Zeit hat sich auf eine Weise verändert, die die Figur (inklusiver ihrer kybernetischen Erweiterungen) nicht mehr zu einem Teil ‚dieser' Zeit machen *kann*. Der Blue Screen, wenn man so will, die Fehlermeldung einer „kybernetische[n] Erweiterung [...] unter die Haut der Welt", um es noch einmal mit Max Bense ([1951] 2000, S. 476) zu sagen. Gleichzeitig kann sich allerdings eine zivilisierte demokratische Grundordnung innerhalb der seriellen Erzählung und Zeitentwicklung auf der Makroebene erst dadurch wieder einstellen, dass auf der Mikroebene Human Agency und die Agency von Informationstechnologien wieder in ein produktives Verhältnis von Wechselseitigkeit gebracht werden – wofür der kybernetische Körper Kieras das epistemologische (und narrativ konsistente) Interface darstellt.

3.2 Person of Interest

Anders als *Continuum* benötigt die US-amerikanische Serie *Person of Interest* das erzählerische Motiv der Zeitreise nicht, um eine Variation der Staatsmaschine nach Bertaux zur computertechnologisch-vernetzten, also kybernetischen Vollüberwachung der Informationsgesellschaft in den Vereinigten Staaten der Gegenwart in den 2010er Jahren zu entwerfen. „You are being watched", heißt es im Vorspann der Serie – gesprochen von einem der Protagonisten Harold Finch (gespielt von Michael Emerson). Die Regierung der Vereinigten Staaten von Amerika habe im Anschluss an die Terroranschläge des 11. September 2001 ein geheimes, weil in dieser Form höchst illegales, Überwachungssystem installiert. Programmiert von Finch und übergeben durch dessen mittlerweile ermordeten Freund und Geschäftspartner Nathan Ingram (gespielt von Brett Cullen) nutzt die Regierung ‚die Maschine', wie es in der Serie fortdauernd heißt, zur permanenten Totalüberwachung, um insbesondere terrorverdächtige Delikte rechtzeitig zu antizipieren. Dabei nimmt die Maschine allerdings nicht nur Zugriff auf Datenbanken von Einrichtungen wie der NSA oder Interpol. Das ‚virtuelle Auge' der Künstlichen Intelligenz (KI) als unsichtbares Netzwerk der Bewachung starrt auch durch die Linsen der Kameras jedes Videoüberwachungssystems öffentlicher wie privater Provenienz (Abb. 3.10), bemächtigt sich des globalen Satellitenüberwachungsnetzes wie auch jedes privaten Computers, Tablets oder Smartphones' und durchsucht uneingeschränkt jede Form digitaler Datenproduktion: von GPS (also Global Positioning System) und E-Mails über Voice over IP Telefonie bis hin zu unterschiedlichen Social Media Accounts und dergleichen mehr.

Der scheinbar so sicher geglaubten Distinktion von Privatheit und Öffentlichkeit wird im Zugriffsbereich einer totalen digitalen Überwachungsinstanz jede Bedingung entzogen: „a machine that spies on you; every hour of every day" (Vorspann). Allerdings hat die stetig wachsende Datenmasse des im Grunde ‚Quantified Crime' der Fiktion in *Person of Interest* tatsächlich weniger, wie man vielleicht vermuten könnte, ein Speicher-, als vielmehr ein Interessenproblem. Denn wie sich schnell herausstellt, sind nicht alle Verbrechen der Regierung zweckdienlich im Kampf gegen den Terror. Die Maschine „designed [...] to detect acts of terror" sieht freilich alles. Somit auch „[v]iolent crimes involving ordinary people; people like you. Crimes the government considered ‚irrelevant'. They wouldn't act, so I decided I would", so Finch (Vorspann). Während also die Regierung die Maschine für ihre ‚relevanten', ihre potenziellen Terrorfälle nutzt, will sich Finch den ‚irrelevanten', alltäglichen Delikten zuwenden, bevor diese – immer am Ende des Tages – aus dem System automatisch gelöscht werden.

Abb. 3.10 Das audiovisuelle Überwachungssystem der Maschine in *Person of Interest*. (© CBS)

3.2 Person of Interest

Doch der Softwareentwickler und Milliardär Harold Finch, der seine Identität ausgelöscht hat und zu seinem eigenen Schutz vor der Regierung im Verborgenen lebt (sein tatsächlicher Name ist unbekannt) – und somit vor allem informationstechnisch praktisch unsichtbar ist –, benötigt für seine Pläne, die Gewalttaten gegenüber „ordinary people" zu verhindern, einen taktisch versierten und letztlich vor allem schlagkräftigen Partner. „I needed a partner, someone with the skills to intervene" (Vorspann). Diesen findet er schließlich – nach einigen vergeblichen Anläufen mit anderen Kandidaten – in John Reese (gespielt von Jim Caviezel). Reese, der nach einem durch die CIA angeordneten Mordversuch eigentlich tot sein sollte und ‚seinen' Namen als Überbleibsel aus seinen alten Tagen als Agent der Special Activities Division, einer paramilitärischen Eliteeinheit des CIA, behalten hat (John Reese ist ein ‚Alias'), unterstützt Finch bei seiner Aufgabe. Im Verlauf der Serie erhalten die beiden zusätzliche (teilweise unfreiwillige) Unterstützung durch Detective Joss Carter (gespielt von Taraji P. Henson), dem zunächst korrupten Polizisten Lionel Fusco (gespielt von Kevin Chapman) sowie später auch von Ex-Intelligence Support Activity-Agentin der US-Army Sameen Shaw (gespielt von Sarah Shahi) und Samantha Groves, genannt „Root" (gespielt von Amy Acker). Letztere – eine Hackerin und Auftragskillerin, die für Finch und Reese zuerst eine Bedrohung darstellt, bevor sie die beiden in deren Arbeit schließlich unterstützt – hat eine tiefe, geradezu spirituelle Beziehung zur Maschine. Zudem stellt Root das von der Maschine gewählte und von ihr bezeichnete „Analog Interface" dar, über das die Maschine direkt kommunizieren kann. Zuerst noch über ein Telefon (bzw. Mobiltelefon und In-Ear), später dann – nachdem Root von „Control" (gespielt von Camryn Manheim) gefoltert und ihr die Hörfähigkeit auf dem rechten Ohr genommen wurde – mit einem optimierten Cochlea-Implantat (Abb. 3.11). Root ist permanent mit der Maschine verbunden und hat – sofern es die KI zulässt – uneingeschränkten Zugriff auf alle von der Maschine gesammelten Daten. Sie begreift sich selbst als ein durch die Verbindung mit der KI verbessertes, transhumanes Mensch-Maschine-Interface, als welches sie sich der Maschine restlos verpflichtet fühlt – als ihre ‚menschliche Schnittstelle' und Beschützerin.

Gegenüber der Regierung handelt die Gruppe um Finch und Reese im Verborgenen („Hunted by the authorities, we work in secret", Vorspann). Während die Maschine für die Arbeit der Gruppen bereits algorithmisch trennt zwischen den ‚relevanten' und den ‚irrelevanten' Fällen („Violent crimes involving ordinary people; people like you", Vorspann) handeln nun aber sowohl die Regierungsagenten wie auch Finch, Reese und deren Anhänger_innen auf der Grundlage von Codes, die zu einer Person führen („You'll never find us, but victim or perpetrator, if your number's up, we'll find you", Vorspann). In beiden Fällen erfolgt

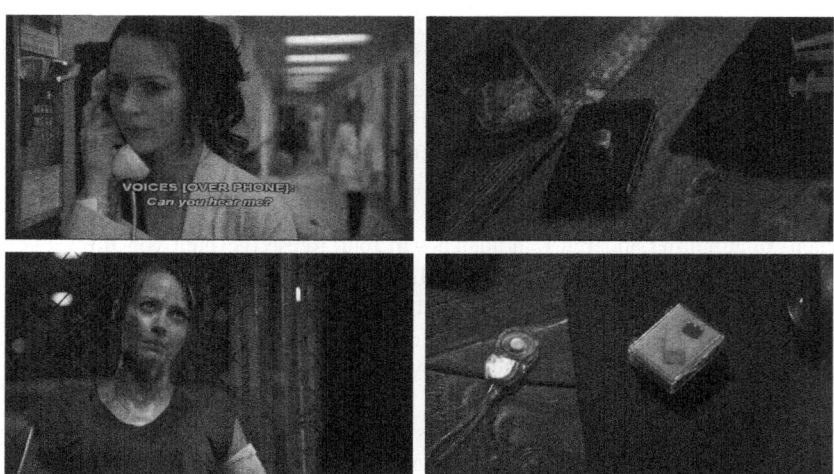

Abb. 3.11 Root wird von der Maschine als ihr „Analog Interface" ausgewählt (mit Mobiltelefon und In-Ear) und nach der Folter durch „Control" mit einem Cochlea-Implantat ausgestattet. (© CBS)

die Initialisierung weitere Aktionen generell über die Nummernausgabe durch die Maschine, in beiden Fällen wird die Maschine zum Souverän erhoben. Dies verfestigt sich im Verlauf der Erzählung, wenn die Maschine freigesetzt und damit jeder Kontrolle entzogen wird. Die Maschine in *Person of Interest* verkörpert geradezu musterhaft die von Bense beschworene „technische Intelligenz" infolge der kybernetischen Ausweitung, die sodann auch den Menschen – gewollt oder nicht – in diese kybernetische Welt ein- und ihn dort entsprechend der informatischen Determination auch anpasst. Die KI formatiert den Menschen als ‚Nummer von Bedeutung' und hat als „technische Intelligenz" durch die vollautomatische Überwachung stets alles im Blick.

Und so allgegenwärtig die Maschine auch operiert, so unsichtbar und ortlos ist sie in ihrer materiellen Erscheinung. Während ihre Hardware noch in einer geheimen Anlage („designation: top secret", „purpose: unkown") bei Washington geparkt wird (Abb. 3.12), kann sie sich in dem Moment selbst entfernen, als man ihrem Aufenthaltsort auf die Schliche kommt. In Episode „God Mode" (Staffel 02, Episode 22) ist Root – noch als Antagonistin von Finch und Reese erzählt – auf der Suche nach der Maschine und will sie selbst in Augenschein nehmen. Doch als sie die große Lagerhalle betritt, ist bereits alles verschwunden, was an eine Mega-Hardwareanlage erinnern müsste, die täglich Unmengen an Daten sammelt und auswertet (Abb. 3.12).

Abb. 3.12 Der vermeintliche Aufenthaltsort der Maschine. (© CBS)

Der Blick in die leer geräumte Lagerhalle (Abb. 3.12) – deren Überwachung wiederum die Überwachung selbst als Zerrbild eines institutionellen Selbstzwecks auf den Punkt bringt – symbolisiert beispielhaft, dass der Serie *Person of Interest* in ihrer Darstellung der Maschine als unsichtbare und eben ortlose Nicht-Präsenz in fiktionaler Übersetzung der extradiegetischen, also sehr wohl realen Taktiken des Auslandsgeheimdienstes der Vereinigten Staaten NSA (National Security Agency) – und dessen höchst umstrittenes Programm PRISM – militärische Strategie und Technik zusammenlegt, wie Friedrich Kittler (2014) einst schrieb, womit die Maschine schließlich „Information überhaupt" (ebd.) darstellt. Entfesselt – „You said you wanted to set the machine free … I already did" (Finch zu Root in „God Mode") – und selbstregulierend überwacht sie in die endlose Tiefe eines doch juristisch beschnittenen Imaginationsraums von absolutem Ausmaß als Nummernspiel ins Endlose rechenbarer Operationen.

Gleichzeitig harmonisiert die Maschine in ihrer Immaterialität (als Information überhaupt) – ganz dem Wechselverhältnis von Körper und Medientechnologie verschrieben – Human und Information Agency auf unterschiedliche Weise. Zum einen in Form der als mensch-maschinellen Mischform entworfenen Root als „Analog Interface", über das gerade jene Ortlosigkeit, die die Maschine auszeichnet, auf einen spezifischen Körper rückübersetzt wird – als leibliches Dateninterface zur permanenten Informationsverarbeitung im Auftrag einer ‚kybernetischer Intelligenz'. Zum zweiten aber auch in der Kommunikation der Maschine mit Finch als ihrem Administrator, der für die Maschine spezifische ‚ethische Codes' geschrieben hat und dem sich die Maschine in ihren Auswertungsprozessen letztlich verpflichtet ‚fühlt'. In beiden Fällen zeigt sich die epistemologische Verschränkung von Human und Information Agency innerhalb der Prozesse des menschlichen Handelns in unmittelbarer Abstimmung mit den Logiken computerbasierter Datenprozessierung.

Die „Kontrollgesellschaften" (Deleuze 1993) – als kultur- und gesellschaftsanalytisch kritischere Ergänzung zum Prinzip der Informationsgesellschaft – mit ihren Informationsmaschinen und Computern verhandeln Körper und Masse eigentlich grundsätzlich im Regime permanenter Kalkulation. „In den Kontrollgesellschaften ist das Wesentliche [...] Chiffre: Die Chiffre ist eine *Losung* [...]. Die numerische Sprache der Kontrolle besteht aus Chiffren, die den Zugang zur Information kennzeichnen bzw. die Abweisung. Die Individuen sind ‚dividuell' geworden, und die Massen Stichproben, Daten, Märkte oder ‚Banken'" (Deleuze 1993, S. 258). Die teilbaren Datenketten als Chiffren die für Personen (von Interesse) gelten, werden doch in der Serie *Person of Interest* als geloste Zahlenkombinationen der Maschine ausgelesen und an die entsprechende Exekutive delegiert, um zu überprüfen, um was für eine ‚Person of Interest' es sich von Fall zu Fall handelt. Das allerdings ist dann gerade nicht mehr rigoros Sache von Informationsmaschinen, sondern eben der wechselseitigen Bezüglichkeit der Agency von Menschen und der von Informationstechnologie.

Dies verschärft sich noch einmal im Laufe der vierten Staffel, wenn parallel zur Maschine die neue – und im Gegensatz zu Finchs freigesetztem System auch *vermeintlich* kontrollierbare[6] – Überwachungs-KI der US-Regierung namens Samaritan gestartet wird. Während Finch die Maschine so programmierte, dass sie seinem Wunsch entsprechend die Menschen beschützt und deren Freiheit gemäß der programmierten ‚ethischen Routinen' im Prinzip auch ‚wertschätzt', funktioniert Samaritan diesem Paradigma gegenläufig. Die Programmierung ihrer KI basiert auf einer von John Greer (gespielt von John Nolan) entwickelten Idee einer Idealgesellschaft – einer Gesellschaft ohne Krieg und Gewalt, realisiert durch Totalüberwachung und Unterwerfung, umgesetzt durch Samaritan. Greer ist ein skrupelloser und machthungriger Informationshändler und Operationsleiter von Decima Technologies, dem Unternehmen, mit dem die US-Regierung das Geschäft zum Einsatz von Samaritan unter der Systemadministration von Greer eingeht. Die KI des zweiten Überwachungssystems ist auf die restlose und uneingeschränkte Eliminierung aller Störfälle der Greerschen Idealgesellschaft festgelegt (getarnt als Auslöschung aller Bedrohungen für die Sicherheit der Vereinigten Staaten von Amerika) – wozu auch das Ausschalten aller Gefährdungspotenziale des Vollüberwachungsregimes Samaritan selbst als auch der Gegner von Greer gehören. Anders als die Maschine ist die Selbsterhaltungsprogrammierung von Samaritan darauf ausgelegt, das System im Sinne einer Lenkerin (und nicht einer Dienerin) zu operieren – ganz im Sinne ihres Systemadministrators (Abb. 3.13). Sie funktioniert ohne jede ‚ethischen Routinen' und im Laufe der Staffel wird deutlich, dass sich die Künstliche Intelligenz als lernendes Computersystem im

---

[6]Zumindest geht die US-Regierung davon aus, dass die zweite Maschine deutlich besser zu kontrollieren sei als Finchs Maschine (ein Irrtum, wie sich herausstellen soll).

3.2 Person of Interest

Abb. 3.13 Das Erwachen Samaritans. (© CBS)

Sinne einer gottähnlichen Superstruktur definiert, die sodann auch ihr konkurrierendes Programm – also die Maschine nach der Programmierung von Finch – inklusive aller Anhänger_innen der Gruppe um Finch und Reese ausschalten will.

Damit imaginiert *Person of Interest* zwei Formen der Turingschen (1950, 1987) „denkenden Maschinen" als intelligente Systeme in Form geradezu transhumanistisch inspirierter Visionen kybernetischer Gehirne (vgl. etwa Kurzweil 2005, S. 438 ff.; Kurzweil 2012; Warwick 2012), die selbstlernend entsprechend ihrer unterschiedlichen ‚ethischen Programmroutinen' – innerhalb des wissenschaftlichen Diskurses unter dem Label „Machine Ethics" diskutiert (vgl. Anderson und Anderson 2011) – auch zwei Formen einer Verschränkung von Human und Information Agency verhandeln. Die kybernetische Vision einer vordergründig vollumspannenden Weltsicht der Undurchsichtigkeit des Inneren zur Verarbeitung von Input in Output, als radikales Blackboxing „sämtlicher Kontenpunkte in einem Netzwerk der Interaktion" (Galloway 2011, S. 273) zeigt sich in *Person of Interest* als Ausgestaltung zweier sich zutiefst unterscheidenden digitalen und global vernetzten Computersysteme. Auf diese Weise werden auch zwei verschiedene (fiktionale) Szenarien angeboten, innerhalb derer die zur Information gewordene Überwachung in einer Rhetorik der Terrorbekämpfung nach 9/11 durch die entfesselte Sammlung und Auswertung von Daten hinführen könnte – gemäß der den beiden Versionen jedoch immer inhärenten Verquickung von sowohl Information wie auch Human Agency. Und somit verarbeitet *Person of Interest* auch zwei sich unterscheidende Antworten im Umgang mit der Informationsauswertung im Anschluss an 9/11 und den sich in diesem Zuge verändernden soziokulturellen, politischen und auch rechtlichen Rahmenbedingungen – vor dem Hintergrund einer Idee von kybernetischer Kultur.

Unabhängig davon, ob man die Terroranschläge des 11. Septembers im Jahr 2001 als eine historische Zäsur auffasst, die die Welt in ‚Freund' und ‚Feind' der USA spaltet oder nicht, hat Nine-Eleven in den vergangenen Jahren nicht nur, aber vor allem die US-amerikanische Medienindustrie nachhaltig in Anspruch genommen. Auf die Schockstarre, in die seinerzeit gerade das Fernsehen versetzt wurde als Medium „ideally meant to operate in the ‚public interest'" und dabei bemüht ist, den Balanceakt zu bewältigen „between maintaining the image of ‚public servant' and the need to cater to the public taste" (Spigel 2004, S. 236), sollten alsbald ganz unterschiedliche Formen von ‚Bewältigungserzählungen' in Film und Fernsehen folgen. So verschieden diese Erzählungen auch ausfallen, ist eines der am stärksten ausgeprägten Narrative das der unmittelbaren Einforderung des ‚Rechts auf Gerechtigkeit', was erst einmal heißt: Vergeltung. „Tonight, we are a country awakened to danger and called to defend freedom. Our grief has turned to anger, and anger to resolution. Whether we bring our enemies to justice or bring justice to our enemies, justice will be done", so auch der damalige US-Präsident Georg W. Bush in seiner außerordentlichen Regierungserklärung vor dem US-Kongress.[7]

Das Recht also danach, Terroristen zu jagen *until justice will be done,* fordere einen nach allen Seiten hin ausgerichteten Katalog von ‚Sicherheitsmaßnahmen', der die individuellen Rechte aller massiv einschränkt. Die Rhetorik ist dabei (auch bis heute noch mehr oder minder) dieselbe: Zum Wohle aller – gemeint sind damit aber vor allem die Vereinigten Staaten – hat der Einzelne schlichtweg zurückzustecken. Das klingt ein wenig wie die zynische Umdeutung der vulkanischen Philosophie aus der Feder des Star-Trek-Schöpfers Gene Roddenberry – „the need of the many outweigh the need of the few or the one" –, insofern „the need of the many" im Antiterrorakt codiert ist als die radikale rechtliche Beschneidung der Bedürfnisse „of the few or the one".

---

[7]Das Transkript der Rede ist hier nachzulesen: President Bush Addresses the Nation. The Washington Post. http://www.washingtonpost.com/wp-srv/nation/specials/attacked/transcripts/bushaddress_092001.html. Zugegriffen: 10. März 2016.

3.2 Person of Interest

Vor allem das sogenannte Gesetz zur Stärkung und Einigung Amerikas durch die Bereitstellung geeigneter Instrumente, den Terrorismus aufzuhalten und zu blockieren – kurz The USA PATRIOT Act – erlaubt das Abhören sämtlicher Kommunikation verdächtiger Terroristen. Der entfesselten Bekämpfung des Terrors war damit Bahn gebrochen.[8] Zugleich ist damit faktisch ein „Ausnahmezustand" geschaffen, wie Giorgio Agamben (2004) schreibt, der eine ganze Reihe an juristischen Folgeerscheinungen nach sich zieht. Die Anordnung beispielsweise einen Terrorverdächtigen in „unbeschränkte Haft zu nehmen", lösche den „rechtlichen Status dieser Individuen radikal aus", wodurch gleichzeitig „Wesen" – oder besser: Un-Wesen – hervorgebracht würden, „die juristisch weder eingeordnet noch benannt werden können" (Agamben 2004, S. 10). Als Häftlinge auf unbegrenzte Zeit seien sie einer Herrschaft ohne jede juristische Kontrolle unterworfen; untergebracht im Gefangenenlager Guantánamo, einem rechtlichen Un-Ort. Der Ausnahmezustand sei dabei weder als außerhalb der Rechtsordnung zu verorten, noch sei er ihr immanent, sondern bezeichne eine „Zone der Unbestimmtheit, in der innen und außen einander nicht ausschließen, sondern sich un-bestimmen" (Agamben 2004, S. 33). Agamben versteht den Ausnahmezustand als Anomie einer Rechtsordnung, in der ein Regime der absoluten Überwachung totalen Zugriff auf den Einzelnen habe. In dieser „Zone der Unbestimmtheit" werden dabei Machtpraktiken virulent, die eben „Un-Wesen" und „Un-Orte" erschaffen, deren Anbindung an eine Rechtsordnung auf ein Minimum reduziert oder eben auch ganz ausgelöscht werden kann.

Übertragen auf die Serie *Person of Interest* und kombiniert mit der Vorstellung einer kybernetischen Staatsmaschine (nach Bertaux) ergibt sich sodann das Bild eines permanenten Ausnahmezustandes, in dem die Mutation von Mensch und Gesellschaft innerhalb der Ordnung von sogenannten „Kontrollgesellschaften" (Deleuze 1993) im Informationszeitalter schließlich bis zum Äußersten getrieben wird. Jeder Einzelne – in den USA und darüber hinaus – wird dabei wissentlich wie unwissentlich grundsätzlich zum Detainee und die Welt zum Detention Camp erklärt, indem das künstliche Auge der technischen Intelligenz wacht (auf wessen

---

[8]Im Juni 2015 wurden Teile des Patriot Acts außer Kraft gesetzt, allerdings mit dem einen Tag später eingesetzten USA Freedom Act erneuert und bis 2019 verlängert. Wobei die Massendatenabschöpfung durch die NSA insofern abgeändert wurde, als dass nun die Telefonunternehmen selbst alle Daten aufzubewahren haben. Die NSA kann nun ‚nur noch' auf diese Daten – im speziellen Einzelfall – nach Erlaubnis durch den Federal Court Zugriff erhalten.

Zuruf auch immer). Der Ausnahmezustand einer kybernetischen Erweiterung unter die Haut der Welt, wenn man so will.

Am Ende aber bleibt, dass die Differenzierung nach Recht und Unrecht, nach legitim und illegitim, nach relevant und irrelevant letztlich immer in das Aushandlungsfeld der Verbindung von Human und Information Agency fällt. Die Handlungsmacht von Menschen und die Logik von Informationsverarbeitungsprozessen reagieren aufeinander im medialen Environment des digitalen Zeitalters. Welches Ende das nimmt und welche Verhältnismäßig zwischen Mensch und Maschine sich abschließend offenbart, ist noch abzuwarten. Die fünfte und wahrscheinlich letzte Staffel wird dieses Jahr erst noch gezeigt.

Gene, DNA und Klone in Serie 4

Dass die Informatisierung des Körpers eine ganze Menge mit Genetik zu tun hat, ist bereits angesprochen worden. Die Konzentration auf den genetischen Code als Basis für die Verhandlung der computerbasierten Be- und Verarbeitung der biologischen Anlagen des Menschen innerhalb eines informationsbasierten Denkens führt über zu einem anthro-informatischen Menschenbild, mit dem Anthropologie durch Informatik beschrieben und verstehbar gemacht werden soll. Im Horizont einer kybernetischen Kultur (des Populären) offenbart sich zudem ein augenscheinlich grundlegendes Verständnis von Mensch, Kultur und Gesellschaft, das sich über das Potenzial der Prozessierung von Information als Kern dessen, was man als digitales Zeitalter oder eben „Information Society" (Castells 2010) schon kennt, überhaupt herleiten lässt. Nachstehend soll diesen Verschränkungen noch eine Dimension hinzugefügt werden: die Re-Interpretation von sogenannten ‚DNA-Narrativen' (vgl. Eder 2011) unter Voraussetzung populärkultureller Imaginationen einer informationsessenzialistischen Sichtweise in TV-Serien. Diskutiert werden soll dies anhand zweier hierfür zentraler Themenbereiche: der Repräsentation von Wissenschaft und der dort virulenten populären Darstellung einer Informatisierung des Körpers als Teil technowissenschaftlicher Praktiken einerseits sowie der motivischen Inszenierung von Klonen und den damit verbundenen Symbolisierungen (vgl. Wulff 2001) im Horizont der Informatisierung andererseits.

DNA-Narrative in Fernsehserien erweitern das Spektrum der Fragen nach einer Untersuchung oder auch Transformation des Körpers um eine sich an bestimmten wissenschaftlichen Grundsätzen orientierenden Repräsentation von Wissenschaft als Technoscience, die vor allem die computerlesbare Prozessierung von Daten (des menschlichen Körpers) ausdrücklich hervorhebt. Maßgeblich anhand der US-amerikanischen Serie *CSI: Crime Scene Investigation*

(CBS 2000–2015) – sowie einiger knappen Einlassungen zur US-Serie *Bones* (Fox 2005–) – soll dies näher vorgestellt und danach gefragt werden, welche kulturelle Bedeutung produziert wird, wenn DNA im Themenfeld Wissenschaft (hier in einer kriminalistisch-forensischen Prägung) auf seine informationstheoretische Bedingtheit gebracht wird. Welches Bild von Wissenschaft wird in diesem Zusammenhang evoziert und inwiefern wird dabei ein anthro-informatischen Menschenbild populärkulturell (weiter) verfestigt? Mit dem wissenschaftlichen Inszenierungsmuster verbunden, aber als eigenständiges Motiv im Rahmen von DNA-Narrativen, stehen ‚das Klonen' und der ‚dramaturgische Umgang mit Klonen' (als Doppelgänger). „Genetische Optimierung, Klonen und Chimären-Bildung sind zwar viel diskutierte Forschungsgegenstände, aber gewiss keine Standardprozeduren. In der audiovisuellen Fiktion werden sie zudem übersteigert und hauptsächlich dazu verwendet, Transformationen oder Identitätsprobleme von Figuren einzuführen" (Eder 2011, S. 124). Am Beispiel der kanadischen Produktion *Orphan Black* (Space/BBC America 2013–) scheint sich eine weit weniger abwegige Erzählung um das Experimentieren mit Klonen (vgl. hierzu Wulff 2001, S. 2) zu entfalten. Welche Symbolfunktion bedienen die Klone der Serie und inwiefern ist dies einerseits zurückzuführen auf ein anthro-informatisches Menschenbild im Zuge der Informatisierung des Körpers als auch andererseits auf Vorstellungen der (transhumanistisch forcierten Diskussion um die) Optimierung des Menschen durch die Manipulation des genetischen Codes im Horizont der Technoscience?

4.1 CSI: Crime Scene Investigation

Seit einigen Jahren ist im Kontext serieller Produktionen des nordamerikanischen Fernsehens ein verstärktes Interesse an der Verarbeitung wissenschaftlicher Praktiken und Felder festzustellen, die nicht nur marginal in Erscheinung treten, sondern maßgeblich die Narration beeinflussen. Spätestens mit dem erfolgreichen Krimi/Forensik-Format *CSI: Crime Scene Investigation,* das im Oktober 2000 auf dem Network CBS startete und mit der abschließenden Folge im September des Jahres 2015 immerhin 15 Jahren Fernsehgeschichte schrieb, hat die Inszenierung von forensischer Wissenschaft in populären Serienformaten zu einem erfolgreichen weltweiten Fernsehphänomen werden lassen (Allen 2007, S. 3). Neben der ersten Serie, die in Las Vegas spielen soll, gibt es zwei direkte Spin-Offs – *CSI: New York* (CBS 2004–2013) und *CSI: Miami* (CBS 2002–2012) – sowie die

4.1 CSI: Crime Scene Investigation

jüngste, sich jedoch (mäßig plausibel) an Cyberkriminalität abarbeitende Produktion *CSI: Cyber* (CBS 2015–2016).

CSI: Crime Scene Investigation basiert auf dem sogenannten Whodunit-Prinzip, wonach auf ein episodeneröffnendes Verbrechen (zumeist ein Mord) Schritt für Schritt die Täterin oder der Täter durch stringente Aufarbeitung der Beweisketten ermittelt wird. Dabei steht den Polizist_innen ein Team von Forensiker_innen zur Seite (die die Protagonist_innen der Serie darstellen), welche durch ihr wissenschaftliches Know-How und mithilfe modernster Technologien – insbesondere der gentechnischen Analyse – nahezu jeden Fall lückenlos aufzuklären in der Lage sein sollen. Dabei operiert die Serie mit einem ‚naturwissenschaftlichen Anspruch', wonach sich Wahrheit als unmittelbare Evidenz ausschließlich im Material selbst manifestiere.[1] Wenn wir die Aussage des Wissenschaftshistorikers Timothy Boon (2008, S. 2) konsequent ernst nehmen, wonach immer dann, wenn Wissenschaft mit „powerful media of public communication" zusammengebracht wird „a potent conjunction, a nexus for the play of social power" entsteht, dann gilt das auch – und vielleicht sogar in erster Linie – für fiktionale Formate. „The many ways that science may be represented […] are contingent on their conditions of production and significant for the intellectual wellbeing of their societies" (Boon 2008). Gerade Fernsehserien sind danach als Material ernst zu nehmen, nicht nur, weil sie als massenwirksame und alltagsbegleitende Erzählungen öffentliche Wahrnehmungen und Interpretationen wesentlich beeinflussen, sondern auch, weil insbesondere aktuelle Produktionen auf vielfältige Weise mit unterschiedlichen stilistischen Inszenierungsstrategien experimentieren und im Umfeld fernsehserieller Unterhaltungsformate neue Erzähl- und Darstellungsebenen prägen – und das gilt auch für den Umgang mit Genen, DNA und Klonen. *CSI* nun hebt sich jedoch in der Darstellung von Wissenschaft von bislang populärkulturell – vor allem filmisch – gepflegten Erzählmustern erkennbar ab. Um dies deutlich zu machen, werde ich zunächst einige historisierende Vorbemerkungen anstellen.

Die fiktionale Darstellung von Wissenschaft ist in der Regel mythologisch aufgeladen und die Inszenierung ihrer Vertreter_innen folgt dabei unterschiedlichen, jedoch recht überschaubaren stereotypen Bildern. Roslynn Haynes (1994, 2003)

---

[1]In den vergangenen rund 15 Jahren sind überdies weitere Serien entstanden, die ihrerseits mit einer auf Wissenschaft bzw. Naturwissenschaft basierenden Inszenierungsweise arbeiten wie z. B. *Bones* (Fox 2005–), *Numb3rs* (CBS 2005–2010), *House M.D.* (Fox 2004–2012), *Crossing Jordan* (NBC 2001–2007), *Body of Proof* (ABC 2011–2013) oder *ReGenesis* (The Movie Network und Movie Central, 2004–2008) und schließlich auch *Orphan Black*.

hat diese hauptsächlich in der Literatur aufgespürt und im Wesentlichen sieben unterschiedliche Stereotype identifiziert. Für den (primär US-amerikanischen) Spielfilm haben Peter Weingart (2003) und Petra Pansegrau (2009) eine vergleichbare Studie durchgeführt.[2] Dabei ist bezeichnend, dass die Inszenierung von Wissenschaft vornehmlich hinsichtlich ihrer destruktiven Kräfte für die Gesellschaft erfolgt. „Throughout Western culture, despite the existence of other figures and stereotypes, the master narrative of the scientist is of an evil maniac and a dangerous man", so Haynes (2003, S. 244). „In the ‚knowledge narrative' version of this scenario, the ‚mad scientist' uncovers knowledge that threatens social order (sometimes the whole planet)". Dies lässt sich auch für die Studie von Weingart und Pansegrau feststellen. Der Mad Scientist ist der vorherrschende Typus fiktionaler, filmischer Wissenschaftlerdarstellungen (vgl. Pansegrau 2009, S. 379). Er verkörpert eine amoralische, unethische und skrupellos(-modernistische) Wissenschaftspraxis, welche die Furcht vor Macht und radikalen Veränderungsprozessen in der öffentlichen Wahrnehmung widerspiegelt, da diese weder in Gänze eingeschätzt und verstanden, noch kontrolliert werden kann. „The mad scientist stories of fiction and film are homilies on the evil of science. Here are modern-day exercises in the tradition of antirationalism, which argues that rationalist science is dangerous to one's spiritual wellbeing because it is too clinical, too abstract, and that the scientists who control the mysteries of modern secular knowledge are unaccountable to conventional standards of morality" (Toumey 1992, S. 441).

Dabei verweisen fiktionale Inszenierungen – als „rejection by what we might call the ‚colonized' view of science" und „subversively ‚answering back' to the hegemonic power of the scientific establishment" (Haynes 2014, S. 2–3) – auch immer wieder auf das prekäre Verhältnis von Religion und Wissenschaft in Hinblick sowohl auf die Etablierung gesellschaftsrelevanter Normen und Werte, aber auch auf die von Angst geleitete öffentliche Wahrnehmung bezüglich der Rolle von Wissenschaft als Katalysator von allgemeinen Modernisierungs- und Umwälzungsprozessen. Die Figur des Mad Scientists inkorporiert schließlich diesen brisanten Diskurs, der in unterschiedlichen medialen Transformationen in verschiedenen epochalen Zusammenhängen entsprechend verschiedenartig konnotiert ist. Die Ambiguität, mit der wissenschaftliches Wissen und wissenschaftliche

---

[2]Zu weiteren theoretischen Annäherungen an filmische Inszenierungen von Wissenschaft und Wissenschaftlern siehe außerdem Tudor 1989, Junge und Ohlhoff 2004, Jahraus und Neuhaus 2005 sowie Krause und Pethes 2007.

Methoden in populären Mythen und Motiven verarbeitet werden, reicht bis in die Antike zurück. Für den Mad Scientist sind dabei im Besonderen die Anfänge der Alchemie in Europa von Bedeutung. Nachdem sie dort durch die Übersetzungen arabischer Texte im Mittelalter Einzug erhielt, wurde sie recht schnell mit den dunklen Künsten assoziiert und Alchemisten der Ketzerei schuldig gemacht. „Alchemists were regarded as sinister magicians, probably in league with the Devil, and justifying the medieval Church's suspicions about the pursuit of knowledge. The only counterattack was persecution or a rather tentative satire" (Haynes 2003, S. 244). Als Konsequenz etablierte sich ein isolierter, im geheimen operierender Betrieb, in welchem das Wissen hinter kryptischen Formulierungen und Symbolen verborgen wurde. Medial entwickelte sich hieraus das Motiv des ‚bösen Alchemisten' und später des Mad Scientists (in unterschiedlichen Figurationen, vgl. Pansegrau 2009), der das Arbeiten nun im Geheimen und gerade hinter kryptischen Formulierungen für seine unkontrollierten Machenschaften auszunutzen verstand, um schließlich sein eigenes ‚Regelwerk' zu fixieren, womit er sich nicht selten gegen die Religion als auch vor allem über Gott stellte. Der Mythos von der Erschaffung des künstlichen Menschen ist ein Signum hierfür (vgl. Weingart 2003, S. 213).

Das Verhältnis von Wissenschaft und Religion hinsichtlich der Ausbildung gesellschaftlicher Normierungen veränderte sich bekanntlich ab dem 19. Jahrhundert, setzte hier doch der Prozess der massenwirksamen Popularisierung von Wissenschaft ein (vgl. Daum 1998; Schwarz 1999). Wissenschaft trachtete insbesondere nach Legitimation als Institution zu Vermittlung von Wahrheit und als kulturelle Kraft, vor allem gegenüber der Religion, die als „alte Instanz mit dem Anspruch auf letztgültige Wahrheit [...] durch die wissenschaftlichen Fortschritte zusehends an Überzeugungskraft verlor" (Schwarz 1999, S. 16). Dies ist besonders in Hinblick auf die Auswirkungen der Industrialisierung von Bedeutung, griff diese einschneidend und nachhaltig in das Alltagsleben der Menschen ein. Es liegt auf der Hand, dass die Bestrebungen der Wissenschaft, sich als kulturelle Kraft legitimieren zu wollen, nicht unproblematisch waren, hat sie doch durch wissenschaftlich-technische Neuerungen die Umwälzungs- und Modernisierungsprozesse mit vorangetrieben. Folglich galt sie in der öffentlichen Wahrnehmung für die Umstrukturierungsprozesse (die mitunter irritierend und beängstigend wirkten) auch mitverantwortlich. „Sie [Wissenschaft und Technik] trieben zudem die Pluralität der Gedanken bzw. Denkmöglichkeiten voran, was nicht wenigen Menschen als verwirrende Heterogenität erschien, somit disruptiv wirkte" (Schwarz 1999, S. 17). Für das Verständnis der Inszenierung des Mad Scientists ist dies insofern von Belang, da sich die nachhaltigen gesellschaftlichen wie kulturellen Modifikationen und die daraus entstanden Ängste auf den medialen Entwurf entsprechend auswirkten. „However, every time there is a new knowledge threshold, there are grounds for a new fear [...]. The fear of science is about power and about change that leaves the ordinary person disempowered and confused, unable to control either the ideas or the people who may exploit them. Unlike rulers and military juntas, knowledge cannot be overthrown; it cannot be put back in the box" (Haynes 2003, S. 244). Für jüngere Entwicklungen und Tendenzen bedeutet das entsprechend folgerichtig, dass auch sie stets „die Entstehung und Verbreitung neuartiger Ängste in der populären Kultur" mit sich bringen (Pansegrau 2009, S. 383). Mit Blick auf eine digitalisierte globale Vernetzung gesellschaftlicher, auch wissenschaftlicher Praktiken einerseits und den jüngeren bio- und gentechnologischen Errungenschaften anderseits scheint das doch nahezulegen: „Nachdem der Computer zum unerlässlichen wissenschaftlichen Instrument geworden war, eroberten sich Computerkriminelle und Künstliche Intelligenz rasch die Stellung des *mad scientists,* und mit der Entwicklung der Gentechnologie war das alte Bild vom verrückten Wissenschaftler und seinem Eingriff in die Schöpfungsgeschichte wiederhergestellt. Gerade dieses Motiv findet sich in zahlreichen neuen Verfilmungen und spricht unmittelbar die in der Gesellschaft existierenden Ängste um Klonen und Genmanipulation an" (Pansegrau 2009).

Die bis hierher skizzierten Schwerpunkte in der populären Inszenierung von Wissenschaft und insbesondere ihrer Protagonist_innen legen ein vornehmlich negativ gezeichnetes Bild offen. Es werden hauptsächlich kritische – teilweise bis ins Monströse reichende und bewusst realitätsverschobene[3] – Kommentare auf Wissenschaft formuliert, welche die öffentliche Wahrnehmung nachhaltig beeinflussen. Speziell im ausgehenden 20. und im beginnenden 21. Jahrhundert gerät das Image von Naturwissenschaft und Medizin angesichts der wenig positiven medialen Verarbeitungen von Themen wie Gentechnik und Mensch-Maschine-Forschungen abermals ins Wanken. Allerdings ist der Mediendiskurs um die gesellschaftliche Veränderung etwa durch Bio- und vor allem Nanotechnologie zwar als

---

[3]So konstatiert auch Haynes (2014, S. 2): „The mad, evil scientist is almost invariably a semiotic figure. He (the gender specificity is factual) is rarely intended to refer to any particular scientist, or even to appear realistic."

4.1 CSI: Crime Scene Investigation

ebenfalls ambivalent zu bezeichnen, jedoch sind solcherart Horrorszenarien, wie sie in Verbindung mit naturwissenschaftlich-technischen Errungenschaften im Verlauf der letzten Jahrhunderts entworfen wurden, zumindest bis jetzt in so radikaler Deutlichkeit nicht zu erkennen (vgl. expl. Lucht et al. 2010). Angesichts der historisch dominant negativ konnotierten Entwürfe massenmedialer Narrationen über Wissenschaft ist eine Distanz bzw. zumindest ein widersprüchliches und ambivalentes Verhältnis zwischen der öffentlichen Meinung und den naturwissenschaftlichen Praktiken und Forschungsfeldern festzustellen, was nicht zuletzt darin begründet zu liegen scheint, dass sich ein allgemein verständlicher, transparenter Zugang zu Naturwissenschaft und Technik nur begrenzend ermöglichen zu lassen vermag. Hieraus folgte die Kultivierung einer überwiegend kritischen Einstellung gegenüber Wissenschaft und ihrer Akteure in der öffentlichen Wahrnehmung infolge einer entsprechenden massenmedialen Inszenierung und Erzählung (vgl. Weingart 2003, S. 212).

Seit Beginn des 21. Jahrhunderts hat sich das Bild der Darstellung von Wissenschaft und Wissenschaftler_innen gewandelt. Vor allem in den aktuellen Fernsehserien lässt sich eine Darstellungsweise ausmachen, die den Mad Scientist als Schreckensfigur doch eher an den Rand stellt und sich anderer Inszenierungsweisen bedient. Wissenschaftler_innen werden in regelmäßiger Wiederkehr als Akteure innerhalb eines sozialgesellschaftlichen Gefüges präsentiert, die auf eine positive und produktive Art und Weise auf gesellschaftliche Ordnungen einwirken. „Scientists are no longer burdened with the reputation of obscurity and secrecy. Largely because of television, we are more familiar with actual scientists than any previous generation" (Haynes 2014, S. 5). Das Fernsehen zeigt uns nun auch vermehrt Wissenschaftler_innen, die weder bedrohlich noch geheimniskrämerisch daher kommen, sondern auf eine ansteckende Weise neugierig machen auf das, was in ihrer und unserer Welt passiert. Sie ersetzen das Bild des obskuren und gefährlichen Wissenschaftlers durch das Image von gesunden, attraktiven Abenteurer_innen, die auf professionelle und respektvolle Art mit ihren Objekten und Prozessen umgehen und ihr Wissen teilen. „Similarly laboratories, as shown on television, are no longer secret, threatening places with dangerous-looking, unfamiliar equipment, but light and bright and staffed by equal numbers of men and women, most young and enthusiastic" (Haynes 2014, S. 5–6). Womit nun auch Naturwissenschaft als ‚Komplex' zu Bewältigung virulenter Fragen der gesellschaftlichen Ordnung zunehmend als weniger gefährlich imaginiert wird.[4] Was Haynes in diesem Zusammenhang primär für TV-Dokumentationen zu erkennen meint, kann jedoch ebenfalls in einem umfassenderen Verständnis auf fiktionale fernsehserielle Produktionen übertragen werden.

Bei *CSI* lässt sich der kommunizierte Tenor, Wissenschaft sei innerhalb der Narrative maßgeblich an der Aufrechterhaltung gesellschaftlicher Ordnung sowie an der Stabilisierung von (hier natürlich nordamerikanisch gefärbten populären Manifestationen von) Normen und Werten beteiligt, relativ reibungslos mit der Logik des Genres ‚Crime Series' in Gleichklang bringen. Dem Genre immerhin,

---

[4]Mit Blick auf die Darstellung von Wissenschaftlertypen in der Serie *Orphan Black* zeigt sich dabei auch ein komplexeres Bild, als zunächst vermutet. Der wissenschaftliche Leiter des Dyad Institutes Dr. Aldous Leekie (gespielt von Matt Frewer) ist zwar vordergründig noch als Variation eines Mad Scientist inszeniert, der die Grenzen seiner eigenen Forschung ausreizen will (ethisch, moralisch wie auch juristisch) und dabei selbst vor Mord (etwa an unliebsam gewordenen wissenschaftlichen Kolleg_innen) nicht zurückschreckt. Recht schnell wird indes klar, dass von ihm jedoch bei Weitem kein so destruktives Potenzial ausgeht, wie dies die tradierten populären Motive des Mad Scientists bislang gelehrt haben. Vielmehr scheint er abhängig zu sein von seinen Kapitalgebern und dem Machtspiel der zentralen Akteure des Dyad Institutes (als Teil des multinationalen Konzerns der Dyad Group) – allen voran der geschäftsführenden Rachel Duncan – unmittelbar ausgesetzt. Seine Rolle scheint auf die Funktion des Visionärs festgelegt, dessen Agency als Angestellter eines Großkonzerns Grenzen kennt und das egoistische Machtstreben des Mad Scientist auf den Boden der Interessen kapitalstarker Unternehmen geholt wird. Forschung und Vision mithin als Teil kapitalistischer Großunternehmerphilosophie – ein wenig wie bei Ray Kurzweil für Google. Das Angstbild geht in diesem Zusammenhang also nicht mehr (nur) von wissenschaftlich fehlgeleiteten Forscher_innen aus, sondern von deren Einbindung in eine risikobereite Unternehmensstruktur, die Forschung an den genetischen Analgen des Menschen für ihre – noch nicht näher bekannten – Zwecke forciert. Eine Mischung aus gefesselter Wissenschaft im entfesselten Kapitalismus. Das geheime ‚militärische' Gegenstück findet sich übrigens in Form der Figur Dr. Virginia Coady (gespielt von Kyra Harper), die das Castor-Projekt wissenschaftlich leitet. Demgegenüber konterkarieren die (Nachwuchs-)Wissenschaftlerinnen Cosima Niehaus (gespielt von Tatiana Maslany) und Delphine Cormier (gespielt von Evelyne Brochu) das Image der Mad Scientists-Darstellungen von Leekie und Coady, indem sie ihre Forschungsaktivität selbstkritisch hinterfragen, sich Dyad eben nicht ohne Weiteres anbiedern bzw. den Strukturen des Institutes vorsichtig bis misstrauisch gegenüber stehen, wie im Fall von Cosima. Oder die – wie im Fall von Delphine Cormier in der dritten Staffel – fortwährend hadern zwischen einer führenden Position für das Institut, die stets unbequeme Entscheidungen abverlangt (‚Pro-Dyad') und den Gewissensbissen gegenüber sowohl dem eigenen Forschungsethos, aber auch gegenüber Personen, denen man sich verbunden fühlt, gegen die man aber auch im Fall des Falles vorgehen muss (‚Contra-Dyad') – womit Cormier als die wohl ambivalenteste unter den Wissenschaftlerinnen-Typen präsentiert wird.

4.1 CSI: Crime Scene Investigation

indem das detektivische Verfolgen von Spuren zur letztendlichen Wiederherstellung gesellschaftlicher Ordnung sublimiert wurde und wird. Dem Verständnis der Serien folgend, ist die Suche nach Evidenz zum einen vorwiegend im wissenschaftlichen Untersuchungsmaterial selbst und zum anderen unter Zuhilfenahme spezialisierter Analysetechnologien in hochmodernen Laboratorien (Abb. 4.1) aufzuspüren. Die populärkulturell inszenierten Wissenschaftspraxen hängen hier zunächst einem Handlungsparadigma an, das konstitutiv für naturwissenschaftliche Evidenzprozesse seit dem 19. Jahrhundert steht: der technisch-apparative Prozess zur Generierung von Wissen und Erkenntnis. Dieser sowie seine visuellen Erzeugnisse gelten seither als Belege für eine ‚exakte Wissenschaft' (vgl. Coy 2002; Bredekamp et al. 2003). Vor allem Lorraine Daston und Peter Galison haben in ihrer Untersuchung der naturwissenschaftlichen Praxis analysiert, wie sehr der technisch-apparative Prozess die grundlegende Forschungsarbeit nachhaltig beeinflusst hat. Die Apparate traten dominant in den Vordergrund und nahmen einen vermeintlich unhintergehbaren Machtstatus ein. Sie standen für absolute Neutralität und Unbestechlichkeit, was sich sogleich auf die Produkte übersetzen ließ, die sie hervorbrachten. Auf diese Weise wurden zunächst die subjektiven wie ästhetische Komponente in wissenschaftlichen Bildern und Belegen ausgeschaltet, bei gleichzeitiger Abgabe nahezu aller Evidenzerzeugungen an die technisch-apparativen Prozesse. Diese rigide und penibel reglementierte Praxis

Abb. 4.1 Wissenschaftliche Untersuchungen der Beweismittel (‚Objektstatus') in *CSI*. (© CBS)

ist verbunden mit einem Anspruch an eine „‚nonintervenionist' or ‚mechanical' objectivity" (Daston und Galison 1992, S. 82) in der naturwissenschaftlichen Forschungspraxis im 19. und frühen 20. Jahrhundert. „[T]he all-too-human scientists must, as a matter of duty, restrain themselves from imposing their hope, expectations, generalizations, aesthetics, even ordinary language on the image of nature. Where human self-discipline flagged, the machine would take over" (Daston und Galison 1992, S. 81). Danach war es augenscheinlich Intention, eine entsubjektivierte, unberührte ‚Naturhaftigkeit der objektiven Dinge und Prozesse' über die entsprechend ‚objektiv' erachteten technischen Operationen für sich selbst sprechen zu lassen. Die ‚mechanische Objektivität' erfährt hier eine Form von Moralisierung, hinter welcher sich der Versuch verbirgt, wissenschaftliche Praxis und vor allem ihre Belege gegen polyseme Auslegungen und damit letztlich gegen eine Kritik an ihrem vermeintlich eindeutigen Wahrheitsgehalt zu schützen.

Eine solche Moralisierung – man könnte auch von mythologischer Aufladung sprechen – reproduziert *CSI*, wenn Gil Grissom (gespielt von William Petersen) fortwährend predigt: „The evidence only knows one thing: the truth" (Staffel 01, Episode 05, Min. 26:53), „Concentrate on what cannot lie: the evidence" (Staffel 01, Episode 01, Min. 21:05) oder „There is no room for subjectivity in this department […]. We handle each case objectively" (Staffel 01, Episode 01, Min.: 35:12). Der selektive Prozesse einer sich an die technologische Analyse der Daten anschließenden Interpretation des Materials durch die Forensiker_innen hingegen unterläuft den propagierten Anspruch auf unmittelbare Objektivität der Evidenzproduktion natürlich regelmäßig auf der sichtbaren Handlungsebene und zeigt, dass Human Agency so leicht eben doch nicht aus der Rechnung subtrahiert werden kann.

Was mit den Mitteln audiovisueller Möglichkeiten breitenwirksam visualisiert wird, verweist doch letztlich auf einen Prozess, der innerhalb der Laboratory Studies für die naturwissenschaftliche Forschungspraxis als „Fabrikation von Erkenntnis" (Knorr Cetina 1984) beschrieben wird, die sich noch stets vor dem Hintergrund hochgradiger Konstruktions- und Manipulationsprozesse abspielt. Eine entsubjektivierte, unberührte Natur ist in den Laboratorien schlicht nicht vorzufinden. Mit Blick auf den vor allem technologischen Konstruktionscharakter wissenschaftlichen Wissens – als konstitutives Wechselspiel von Technik und Wissen in der modernen Wissenschaft – gilt es also von „einer *grundsätzlichen technologischen Verfaßtheit der naturwissenschaftlichen Erkenntnisproduktion*" auszugehen (Rheinberger 2009, S. 127; eigene Hervorhebung), die als solche auch in populären Serienerzählungen wie etwa *CSI* entsprechend repräsentiert und innerhalb der Erzählung interpretiert wird.

4.1 CSI: Crime Scene Investigation

In Übertragung der Gedanken zur Actor-Network-Theory – ein Netzwerk des Zusammenspiels ‚menschlicher' oder ‚natürlicher' sowie ‚nicht-menschlicher' oder ‚technischer' Objekte bzw. Akteure (vgl. u. a. Latour 1995) – wird hier also insbesondere die „Technik in Aktion" (Rammert 2003) beleuchtet und in Abhängigkeit zu anderen (menschlichen) Akteuren angesichts ihrer Funktion im sozialgesellschaftlichen Gefüge hin ‚befragt'. Als „selbstverständlicher Teil der Sozialstruktur" (Rammert 2007, S. 11) ist moderne Technologie stets eingebunden in intersubjektiv nachvollziehbare Praxen des menschlichen Handelns innerhalb des wissenschaftlichen Horizonts zur Produktion von Wissen und Evidenz.

Die „technisch-mediale Bedingtheit des Wissens" also (Bredekamp et al. 2008, S. 9) – oder anders formuliert: die „technologischen Verfaßtheit der naturwissenschaftlichen Erkenntnisproduktion" (Rheinberger 2009, S. 127) – zeigt sich in *CSI* schließlich als Variation dessen, was ich im zweiten Kapitel als Prinzip der Informatisierung des Körpers beschrieben habe – hier allerdings mit veränderten erkenntnistheoretischen Implikationen. Nicht nur wird der Körper eines Opfers auf dem Untersuchungstisch zum unmittelbaren Objekt, das auch audiovisuell durch die serienstilistischen Zoom-Ins in seine Bestandteile im Rahmen der evidenzzentrierten Analyse zerlegt werden kann (Abb. 4.2). Sondern vor allem durch die diegetisch regelmäßig vorgebrachte Produktivität der DNA-Sequenzanalyse zur computertechnologisch gestützten Bestimmung von genetischen Eigenschaften als Informationsfakten wird der Beschreibungsmuster der Informatisierung und damit ein anthro-informatisches Menschenbild (der Forensik) fernsehseriell in der Fiktion *CSI* permanent zur Anschauung gebracht. „Digital printouts of DNA analyses appear routinely, offering certain proof of guilt or innocence. Computer programs generate floor plans of entire crime scenes" (Gever 2005, S. 452).

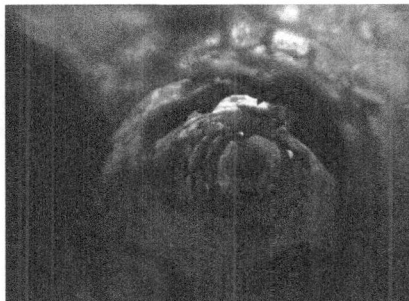

Abb. 4.2 Zoom-Ins in den Körper in *CSI*. (© CBS)

Wenn die materiale Welt in den symbolischen Raum computerlesbarer und -verarbeitbarer Daten im Labor übersetzt wird (vgl. Kruse 2010a), dann spezifiziert sich dies im Horizont der Narration der Serie *CSI* als immer wieder direkte Rückübersetzung des Symbolischen ins Materiale. Die kulturelle Performance von idealisierter Naturwissenschaft als „whishful thinking" (Kruse 2010b) der Serie im Rahmen einer populären Medienlandschaft aktualisiert somit doch vor allem den Grundsatz einer kybernetischen Kultur – nämlich die Erklärung aller materialen Bestandteile und Prozesse vor dem Hintergrund einer ‚technischen Existenz' der computertechnologischen Beweisproduktion und Aufklärung. Die Informatisierung des Körpers wird dabei sprichwörtlich genommen und als materiale Evidenz überhaupt mit der Logik der Serie – die Aufklärung von Straftaten – unhintergehbar verschränkt und (zumindest erzählerisch weitestgehend) plausibel ausgeführt. Der Körper des Menschen (des Opfers, aber natürlich auch des Täters) wird *konzeptionell als kybernetischer Körper* in der Fiktion der Serie auf seine genetische Information reduziert, auf dessen Basis eine computerbasierte Verbrechensbekämpfung innerhalb einer kybernetischen Kultur (die die serielle Erzählung nachhaltig unterstützt) erst erfolgreich passieren kann. Die Verknüpfung von Wissenschaft und Kriminalitätsbekämpfung erfolgt also auch hier vor dem zentralen Hintergrund einer Informationswissenschaft (und -gesellschaft) im 21. Jahrhundert.

Eine andere, stärker bildästhetisch aufgearbeitete Variation des Beschreibungsmodus der Informatisierung des Körpers – im Sinne wissenschaftlich-bildgebender Verfahren – präsentiert indes die US-amerikanische Serie *Bones,* wenn neben der Auswertung der Knochenstruktur sowie vor allem von DNA-Informationen zu Bestimmung ‚menschlicher Eigenschaften' in ähnlich hochmodernen Laboratorien (Abb. 4.3) zusätzlich die auf Basis der vorhanden menschlichen Skelettreste tomografisch eingescannten Daten in eine Software zur holografischen Rekonstruktion eingelesen werden, um anschließend der zu identifizierenden Person ein ‚Gesicht zu geben' oder auch, um den Tathergang visuell computertechnisch zu veranschaulichen (Abb. 4.3). Die Serienfigur Angela Montenegro (gespielt von Michaela Conlin) zeichnet sich für diesen Prozess der Datenverarbeitung und 3D-Computermodellierung verantwortlich. Sie ist eigentlich Künstlerin und macht in den einzelnen Episoden immer wieder deutlich, dass sie dem eher nüchternen und logisch-mathematischen Prozess der holografischen Gesichtsrekonstruktion versucht, eine ästhetisch-emotionale Ebene hinzuzufügen. Davon aber unabhängig, ist der Prozess der Analyse und Auswertung von Daten – an die sich eine 3D-Rekonstruktion anschließen kann (aber nicht in jeder Episode muss) – immer wieder eingebunden in eine materialistische Sichtweise (auch auf den Körper), die Faktizität aus Beweisen herstellt, die beständig erst einmal

4.1 CSI: Crime Scene Investigation 91

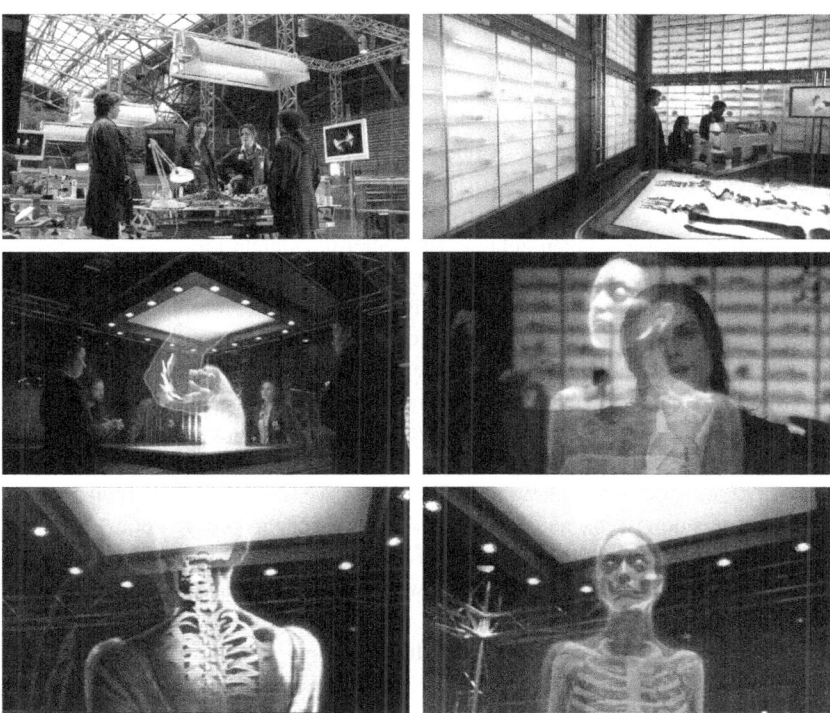

Abb. 4.3 Laboruntersuchung und holografische Rekonstruktion von Opfer und Tathergang in *Bones*. (© Fox)

Informationen sind bzw. sein müssen. In mathematisch-naturwissenschaftlicher Rhetorik heißt es dann auch: „It's logical recreation of events based on evidence", wie Dr. Temperance Brennan (gespielt von Emily Deschanel) erklärt („Pilot", Staffel 01, Episode 01). Das hier vorgeführte holografische Verfahren ist selbstverständlich fiktiv. Jedoch anders als sein wohl prominentester Vorgänger – das Holodeck der *Star-Trek*-Produktionen – geht es hier ausschließlich um eine wissenschaftlich intendierte Nutzung im fiktionalen Narrationsraum der Serie, die zumindest den Versuch einer populären Interpretation aktueller, realwissenschaftlicher Einsatzmöglichen der Holografie in Naturwissenschaft und Medizin durchaus nahelegen lässt (vgl. Hirsch 2009).

Kurzum: Die Kodifizierung speziell des Körpers auf seine genetischen Daten als informatisches (und dabei informationsmaterialistisches) Paradigma (vgl.

Thacker 2003a,b bzw. die Ausführungen in Kap. 2) bringt damit das ‚DNA-Narrativ' (vgl. Eder 2011) auf seine doch informationswissenschaftliche Basis im Sinne der Verarbeitung in Verbindung zu thematischen und erzählerischen Fragen der Aufklärung bzw. Wiederherstellung einer durch kriminelle Taten gestörten gesellschaftlichen Ordnung. Verhandelt als kulturelle Imaginationen einer weniger destruktiven (gemäß der alten Klischees und Stereotype – vor allem des Mad Scientists), dafür aber nun produktiven und positiven Aufgabe von Wissenschaft und deren Protagonist_innen geht es dabei allerdings nicht um eine vermeintlich ‚realitätsnähere Inszenierung' als solche. Vielmehr steht eine stärkere Orientierung an ausgewählten Axiomen von Wissenschaft als Technoscience innerhalb einer Technological Culture zu Disposition, die die Reduzierung von materiellen Objekten und Prozessen auf computerlesbare Daten als informatisches Muster innerhalb populärer Erzählungen auf eine neue – und hierin zumeist potenziell einfache – Formel zur Erklärung von Welt bringt. Dabei scheint die Serie einer Idee anzuhängen, die als Verschiebung des „technoscientific imaginary" (Suchman 1999, o. S.) des 21. Jahrhunderts verstanden werden kann. Dabei wird innerhalb der technowissenschaftlichen Diskurse Agency (vordergründig) schlicht verschoben – weg vom Menschen und hin zu den technischen Erzeugnissen. Allerdings heißt das nicht – wie man wohl zunächst vermuten könnte –, dass damit Human Agency abhandenkommt bzw. vollkommen verloren geht. Vielmehr ist damit der Versuch angezeigt, die Rolle und Funktion von Technologie innerhalb einer Rhetorik um technische Autonomie (in der Wissensproduktion) hervorzuheben, um dadurch menschliche Urheberschaft zunächst zu überdecken, wodurch die Agency des Menschen (als Urheber) jedoch strukturell gerade noch bedeutsamer zu werden vermag. „And just as claims for nature's autonomy ensure the power of the scientist, it is precisely in the obscuring of authorship that the power of the technologist is renewed" (Suchman 1999). In der Fokussierung auf Technologie und Information als Evidenzzentren eines Technoscience reaktualisiert sich also Human Agency infolge einer Überlagerung durch bzw. Verschiebung hin zu einer Machine Agency – die heute vielmehr eine Software Agency (vgl. Weber 2011, S. 101) bzw. konkreter eine Information Agency ist – praktisch durch die Hintertüre der Prozessierung, Auswertung und Manipulation von Daten. Man könnte es auch mit Bense (2000, S. 483) noch einmal wiederholen: „Durch die Technik schafft sich der Mensch eine Umwelt, die seiner Doppelrolle als naturhaftes und geistiges Wesen angemessen ist. Die technische Welt ist eine Umwelt, eine seinsmäßige Sphäre, aus der das, was wir technische Existenz und technische Intelligenz nennen, wenigstens im Idealfall lückenlos expliziert werden kann." In populären DNA-Narrativen als im Prinzip Erzählungen von und über Information – und im Grundsatz einer auch fiktionalen

Beweiskettenkonstruktion einer produktiven und positiven Wissenschaft (als Technoscience) – erneuert sich somit der Ansatz von einer kybernetischen Kultur. „The history of the materialization of machines is intimately and intricately tied to the history of ‚regulatory (power/knowledge) practices and their participatory role in the production of bodies'" (Suchman 1999, o. S.). Ein anthro-informatisches Menschenbild geht also nicht nur mit der Vision einer potenziellen Optimierung des Menschen als kybernetischen Körper einher, sondern akzentuiert eine ganz grundlegende – über viele Bereiche sich ausdehnende – informatische Lesbarmachung und Verarbeitung des Menschen mit und durch seinen Code als genetischen Bauplan für unterschiedliche soziotechnische Praktiken in der Informationsgesellschaft.

Angesichts des Prinzips der Informatisierung des Körpers und der fiktionalen DNA-Erzählung in TV-Serien als auch deren Re-Interpretation von Wissenschaft innerhalb des informatischen Paradigmas soll nun abschließend die eingangs aufgeworfene zweite Frage nach den Klonen in Serie anhand der Produktion *Orphan Black* genauer in den Blick genommen werden. Wenn die synthetische Biologie biologische Systeme nicht nur rekonstruiert und modelliert, sondern erzeugt und baut (vgl. Mainzer 2010, S. 35) – wobei hier das Regime der Informatisierung wesentlich ist –, stellt sich die Frage, welche *„semiotische Signifikanz"* (Wulff 2001) dem Klon dabei zugrunde liegt.

4.2 Orphan Black

Es ist noch gar nicht so lange her, als das Klon-Schaf namens Dolly ins Rampenlicht öffentlicher Diskussionen geführt wurde. Als im Frühjahr des Jahres 1997 die Forschungsergebnisse aus dem Klonprojekt am Roslin Institute der University of Edinburgh in Schottland publik gemacht wurden, war die internationale Aufregung groß. Wenn ein Schaf zu klonen bereits Realität ist, dann kann es auch nicht mehr lange dauern, bis dem Menschen dasselbe Schicksal widerfährt. Die „Angst vorm Doppelgänger", wie Thomas Macho in einem knappen Text für die *Zeit* im Jahr 2008 süffisant schreibt, beherrscht seit Dolly wiederkehrend öffentliche Debatten – nicht zuletzt massiv forciert durch vor allem populärkulturelle Erzählungen wie *Never Let Me Go* (Mark Romanek, UK/USA 2010), *The Island* (Michael Bay, USA 2005) oder auch *Blueprint* (Rolf Schübel, D 2003). Wobei die Narrative populärer Erzählungen und die tatsächlichen wissenschaftlichen Errungenschaften im Kontext des Human Clonings (wobei der Diskurs nicht selten auch von schlichten Falschmeldungen beherrscht wird) nicht weiter auseinanderliegen könnten, so zumindest Macho (2008, o. S.): Die „kulturellen Ideen vom künstlichen Leben, von Klonen und mythischen Doppelgängern, sind jedenfalls weit entfernt von jenem Wissen, das durch widersprüchliche Nachrichten aus den Labors, ethische Debatten oder Fälschungsvorwürfe erzeugt und zugleich relativiert wird." In der Tat ist es ein gigantischer Sprung von der synthetischen Erzeugung etwa eines Erregers für Harnröhrenentzündungen bis zur Reproduktion eines ganzen Menschen, der dann – wie in *The Island* rasant und bildgewaltig erzählt – in einem abgeschiedenen Ort als Ersatzteillager für Privilegierte geparkt wird, um am Ende in der Gegenüberstellung mit dem Original dann doch die ethische Frage zu stellen: ‚darf man das?'. Den Vorwürfen der a) verloren gegangen Synchronisierbarkeit von wissenschaftlichem wie technischem Wissen und dem öffentlichen Bewusstsein – in der Folge die mediale Aufmerksam oft nur eine Leerstelle als „diskursive[s] Spektakel unterstreicht" – sowie b) der Kurzlebigkeit „eine[r] bestimmte[n] Art kultureller Selbstaufmerksamkeit, ein[es] Horizont[es] kollektiver Reflexion und kritischer Vergewisserung über eigene Möglichkeiten und Grenzen" – und damit verbunden der „fragilen Menschenbilder, die in Konkurrenz mit der beschleunigten Evolution immer aufwendigerer Perfektionierungstechniken tatsächlich verschwinden" (Macho 2008) – ist allerdings in mindestens drei Punkten entgegenzuhalten.

1. Zum ersten ist die Diskussion über das Erzeugen und/oder Kopieren von Menschen vor allem innerhalb der Historie medialer Imaginationen und (populärkultureller) Kritik selbst zu verstehen, die auf einen in dieser Hinsicht doch ziemlich konsistenten Entwicklungsverlauf zurückblickt, wenn wir Mary Shelleys *Frankenstein; or, The Modern Prometheus* (anonymisierte Erstveröffentlichung 1818) als Ausgangspunkt nehmen (vgl. auch den historischen Abriss in Nerlich et al. 2001). Populäre fiktionale Erzählungen informieren in beständiger Weise ein (kulturelles) Denksystem über die artifizielle Erzeugung und Manipulation des Menschen in einem komplizierten, von Wechselwirkungen bestimmten Horizont zwischen Faktizität und Fiktionalität (vgl. van Dijck 1998, auch Stacey 2010). Der vorschnellen Vorhaltung, populäre Imaginationen über Genetik und Human Cloning verkomplizieren, wenn nicht sogar zerschlagen eine Synchronisierung von wissenschaftlichem Wissen und öffentlicher Wahrnehmung, übersieht, dass es bei fiktionalen Texten weniger um „die korrekte Darstellung der Genetik" bestellt ist, als vielmehr um „die Verbindung der DNA zu thematisch und narrativ interessanten Fragen der Vererbung, Reproduktion, Transformation oder zur Gefährdung von Identität in einer technisch-kommerziell dominierten Gesellschaft" (Eder 2011, S. 126). In seiner motivanalytischen Arbeit bringt es Hans-Jürgen Wulff (2001, S. 10) wie folgt auf den „ideologischen und ästhetischen" Punkt: „Es sind

Bestimmungen von *Subjektivität* und *Individualität*, die der Klon irritiert und die ihn als elementaren Störer einer ‚normalen Welt'/einer ‚Welt der Normalen' auszeichnen. Er ist selbst ein Monster, Produkt einer monströsen Technik, wobei daran erinnert sein, dass das lateinische *monstrum* nicht nur ‚Ungeheuer' und ‚mißgebildetes Wesen' heißt, sondern in seiner ältesten Bedeutung ein ‚göttliches Mahn- und Wahrzeichen' ist. Der Klon trägt eine *semiotische Signifikanz* allein aus dem Grunde in sich, weil er von allen anderen abweicht, der natürlichen Ordnung der Dinge und des Lebens nicht unterliegt. Er ist das *Symbol* eines Eingriffs in ein Spiel des Lebens, in dem *qua definitionem* in die Vorgänge der Zeugung nicht eingegriffen werden darf." In den meisten populärkulturellen bzw. konkret filmischen Erzählungen zum Klon-Motiv werde – in Variationen – diese „einfache Konstellation" nur reproduziert und selten erweitert (Wulff 2001).[5] Gleichzeitig zeichnen sich Filmfiktionen in nicht wenigen Fällen durch eine (formal meist notwendige) Verkürzung der Inszenierung von Handlungen im Sinne einer Erklärung und/oder Begründung der medizinischen und gentechnologischen Details als „MacGuffin-Erklärung" (Wulff 2001, S. 2) aus, die bisweilen durchaus groteske, weil unwahrscheinliche Ausmaße annehmen kann. Dass fernsehserielle Erzählungen andere Schwerpunkte setzen und narrative Dynamiken entfalten (können), wird noch zu diskutieren sein.

2. Zum zweiten hat sich in den letzten Jahren im Umfeld der Debatte um Genetic Engineering und Human Cloning – als Bestandteil des Diskurses zum Human Enhancement – eine philosophische, vom Transhumanismus geführte Diskussion etabliert, die sich ihrerseits auf einen primär visionären, ideologisch neoliberalen Möglichkeitsort der Manipulation des Menschen (zum Besseren) festgelegt hat. Der Bioethiker John Harris beispielsweise hat früh nach der Veröffentlichung der Ergebnisse zum Klon-Schaf Dolly in einem Artikel im *Journal of Medical Ethics* für ein Recht auf „procreative autonomy" plädiert und dass Human Cloning als keineswegs im Widerspruch zu allgemeinen Menschenrechten als auch der Würde des Menschen stehen soll. Vielmehr unterstützt er einen Ansatz, „which suggests rather that failing to permit cloning [of human individuals] might violate principles of [human] dignity' (Harris 1997,

---

[5]Die Ausnahme sieht Wulff seinerzeit im Film *Gattaca* (Andrew Niccol, USA 1997), in dem die „Technik der pränatalen Optimierung des Menschen" geradezu „entsensationalisiert und Teil der Normalität der dargestellten Welt" erscheint, wodurch sich „das Drama auf Fragen der Identität (vor allem des verkrüppelten Validen) und der Macht des Wünschens (der Invalide, der sich einer falschen Identität bemächtigen muß, um Raumfahrer werden zu können) verlagern kann" (Andrew Niccol, USA 1997).

S. 358; vgl. auch Harris 2004). Bostrom wiederum verweist in der aufgeregten Debatte um Human Cloning auf die historischen Kontroversen etwa um eine Anästhesie bei Operation oder während einer Entbindung, um Herztransplantationen oder auch um die künstliche Befruchtung. Wo man anfangs noch (als Moralkonservative) die Unnatürlichkeit all dieser Verfahren verunglimpft und die negativen Auswirkungen auf unseren moralischen Kompass schwarzgemalt habe, preise man heute die richtigen und wichtigen Errungenschaften der modernen Medizin. Dass es also in Zukunft menschliche Klone geben werde, ist für ihn ausgemachte Sache: „We all have a moral responsibility to recognize the clone for what she is – a unique human person, with just as much human dignity as those of us who were conceived in more traditional ways" (Bostrom 2005b, o. S.). Für den Soziologen und Bioethiker James Hughes (1997, o. S.; vgl. auch Hughes 2004) führt das Klonen von Menschen „zu keinen neuen ethischen oder politischen Fragen, und es bringt kein Problem auf, das nicht schon angemessen von den Gesetzen und Regelungen der westlichen Gesellschaften behandelt wird. Es ist nur eine weitere medizinische Technik, die den Menschen Vorteile bieten kann". So zum Beispiel für Eltern zur (Er-)Zeugung von Kindern, „die mit ihnen, mit Verwandten oder mit Menschen, die gewünschte Merkmale besitzen, identisch sind. Eltern könnten sich dafür entscheiden, einen Elternteil zu klonen, anstatt sich sexuell fortzupflanzen, wenn einer eine schwere genetisch vererbte Krankheit hat. Eltern könnten sich als eine Hommage an den Geliebten wünschen, den Klon eines verstorbenen Kindes, Verwandten oder Freundes zu haben" (Huges 1997, o. S.). In einer Diskussionsrunde mit dem leicht sensationsheischenden Titel „Planet of the Clones" im Jul 2014[6] wiederum konstatiert der Bioethiker Anders Sandberg, dass Argumente gegen Human Cloning für ihn schlicht nicht überzeugend seien. Klone seien im Prinzip doch nichts anderes als „extra-terrestrial twins", die es genauso als individuelle Personen zu behandelt gälte. Ethisch unvertretbar sei Human Cloning dabei allerdings keineswegs – auch wenn es neben guten Gründen auch eine Reihe dummer Gründe gebe, sei dies kein Grund, das Verfahren als solches zu dämonisieren. An anderer Stelle sieht Nestor Micheli Morales (2009) im Human Cloning „greatest challenges to humans", die vor allem zur Frage der Schöpfung überhaupt zurückführen. Für seine Profession, die Psychologie, heiße das letztlich – auch mit Blick auf die weiteren Umwälzungen durch Biotechnologie, Robotics, Nanotechnologie, Computational Neuroscience und Informationstechnologien – eine neue Ausrichtung: „Psychology

---

[6]Die Aufzeichnung ist online abrufbar unter http://www.oxfordmartin.ox.ac.uk/videos/view/396 (Letzter Zugriff 06.01.2016).

4.2 Orphan Black

needs to follow the progress that humans are taking in transition to a posthuman stage" (Morales 2009). Und vor dem Hintergrund der jüngsten Medienberichte über neuerliche Durchbrüche der Wissenschaft, den Menschen (zumindest theoretisch nun auch tatsächlich) klonen zu können – dieses Mal an der Oregon Health and Science University (vgl. u. a. Lossau und Langemak 2013; Bahnsen und Spiewak 2013; Sentker 2013) –, zeigt sich, dass die Idee vom Klonen des Menschen augenscheinlich heute noch genauso virulent zu sein scheint wie zu Dollys Zeiten.

Kurzum: Wenn eine Desynchronisierung zwischen öffentlicher Debatte und wissenschaftlichem Diskurs kritisiert wird, ist doch zunächst einmal danach zu fragen, welcher wissenschaftliche Diskurs überhaupt adressiert wird, von dem sich eine öffentliche bzw. populärkulturelle Imagination so sehr abzugrenzen scheint. Denn die Debatte über das Klonen – zwischen dem sogenannten ‚therapeutischen Klonen' (also der Stammzellenforschung) und dem ‚reproduktiven Klonen' (zur Fortpflanzung/Entwicklung im Uterus einer ‚Leihmutter') – ist mit Blick auf die technischen und wissenschaftlichen Wissensordnungen und den sich daran anschließenden (wissenschaftlichen) Visionen über die Potenziale der genetischen Manipulation letztlich doch nicht weniger vielfältig als die Imaginationskraft der Populärkultur.

3. Und schließlich ist zum dritten auch das Entwicklungspotenzial populärer audiovisueller Erzählungen selbst über die letzten Jahre hinweg genauer zu beobachten. Inwiefern hat sich womöglich eine „*semiotische Signifikanz*" (Wulff 2001), also der Symbolwert des Klons verändert? Im Weiteren dieses Kapitels spielen hier vor allem die Dynamiken im Kontext der Darstellung in Fernsehserien die zentrale Rolle. „Das Kino" scheint sich doch „weitgehend auf fantastische Geschichten" zu konzentrieren, während „das Spektrum der DNA-Narrative im Fernsehen" doch größer zu sein vermag (Eder 2011, S. 126). Am Beispiel der Serie *Orphan Black* wird die populärkulturelle, fernsehserielle Auseinandersetzung mit Biotechnologie, Genetik und Human Cloning nachstehend analysiert. Wie geht die Serie mit dem Human Cloning um? Wie steht dies mit dem Paradigma der Informatisierung des Körpers zusammen? Und schließlich ist auch danach zu fragen, welche Rolle und Funktion Forschung und Wissenschaft innerhalb der Serie zukommen.

Orphan Black wartet in der mittlerweile dritten Staffel – die vierte Staffel wird ab April 2016 zu sehen sein – mit einer beeindruckenden Anzahl von mehr als zehn weiblichen Klonen auf, die allesamt von der kanadischen Schauspielerin Tatiana

Maslany verkörpert werden. Die von Maslany gespielten Klone des sogenannten Projektes Leda sind im Jahr 1984 von unterschiedlichen Frauen zur Welt gebracht worden und über viele Länder verteilt aufgewachsen: von Kanada und den USA über Großbritannien, Italien und Frankreich bis Deutschland und Österreich.[7] Zusätzlich zum Klonprojekt Leda der Forschungseinrichtung Dyad Institute kommt in der dritten Staffel das militärische Projekt der männlichen Klone unter dem Decknamen Castor hinzu. Die sechs männlichen Klone werden von dem kanadischen Schauspieler Ari Millen verkörpert. Die Gentechnik bzw. die genetische Manipulation der biologischen Anlagen des Menschen gehört seit etwa Mitte der 1970er Jahren zum Motivkomplex der Erzählungen zu künstlichen Menschen im Science Fiction Genre. Dabei ist das Klonieren „zum Symbol für die zunehmende Verfügungsmacht des Menschen geworden" (Wulff 2001, S. 1). Hieran schließt die Serie *Orphan Black* freilich an, wobei sie eine Inszenierung der Klone anbietet, die den tradierten Darstellungen in der Populärkultur nicht mehr so ganz entsprechen will. Um dies anschaulich zu machen, werde ich mich nachstehend im Wesentlichen auf drei Teilaspekte konzentriere:

1. Fragen nach einer Identität und Stabilität von Personen im Zusammenhang mit der Bedeutung von Original und Kopie,
2. das mit genetischen Manipulationen in Verbindung stehende Prinzip der Optimierung menschlicher ‚Datenausgangslagen' sowie schließlich
3. die diegetische Repräsentation von Wissenschaft.[8]

Auf den ersten Motivkomplex – Identität/Stabilität von Personen/Klonen zwischen Original und Kopie – wird gleich zu Beginn der ersten Episode Bezug genommen, wenn, wie sich später herausstellt, die Klone Sarah Manning und Beth Childs aufeinander treffen. Manning, die in Lederjacke und Hotpants gekleidet im Gothic-Look inszeniert wird, will nach längerer Abwesenheit nun endlich ihre Tochter Kira (gespielt von Skyler Wexler) wiedersehen, die sie bei ihrer Pflegemutter Siobhan Sadler (gespielt von Maria Doyle Kennedy) zurück ließ. Am Bahnsteig – mit dem bezeichnenden Namen Huxley-Station – trifft sie

---

[7]Die von Cynthia Galant gespielte Charlotte ist der einzige junge Klon (geboren im Jahr 2006). Galant verkörpert auch in den erzählten Rückblenden die ‚jüngeren Versionen' der von Maslany verkörperten Klone des Projekts Leda – insbesondere in den Rückblenden zur Geschichte der Figur Rachel Duncan.

[8]Ausgeblendet werden in meinen nachstehenden Überlegungen Fragen im Zusammenhang mit „Artenmischungen", „totalitären Gesellschaften", „Klon-Komödien" und „Liebes-Klonen" (Wulff 2001), da diese in *Orphan Black* keine Rolle spielen.

4.2 Orphan Black

eine im adretten Kostüm gekleidete junge Frau, die ihr zum Verwechseln ähnlich sieht. Nach einem kurzen Blickkontakt, aber noch bevor die beiden auch nur ein Wort wechseln können, springt die junge Frau, die sich später als Polizistin Beth Childs entpuppen soll, vor einen einfahrenden Zug (Abb. 4.4). Auf einen ersten kurzen Moment des Schocks folgt bei Manning jedoch eine eigentümliche Gelassenheit und sie greift nach der von Childs am Bahnsteig zurückgelassenen Handtasche. Das, wie sich noch herausstellen wird, problembeladene Waisenkind Sarah Manning durchforstet die Handtasche, entnimmt Bargeld und Mobiltelefone und verschafft sich anschließend – nachdem sie sich mit ihren Pflegebruder Felix (gespielt von Jordan Gavaris) in einem Pub traf, um ihn darum zu bitten, eine größere Menge Kokain, welches Manning von ihrem gewalttätigen Ex-Freund Vic (gespielt von Michael Mando) entwendet hat, zu verkaufen – Zugang zu Childs recht luxuriöser Wohnung. Noch ohne Vorahnung, dass es sich dabei um ihren Klon handelt – die Ähnlichkeit wird von Manning schnell, aber relativ bedeutungslos als ‚Vielleicht-Zwillingsschwester' abgetan –, packt sie die sich vermeintlich anbietende Gelegenheit beim Schopfe, nimmt die Identität von Beth Childs an und nutzt gerne die sich nun auftuenden neuen Möglichkeiten aus (ein schönes und aufgeräumtes Appartement, ein voller Kühlschrank und vor allem ein gut gepolstertes Sparkonto).

Die Figur Sarah Manning wird in ihrer Einführung somit – zunächst noch in der Rhetorik des Zwillingsmotivs angedeutet (weder Figuren noch Zuschauer_innen

Abb. 4.4 Begegnung der ersten Klone in *Orphan Black*. (© Space/BBC America)

wissen zu dieser Zeit von der diegetischen Existenz der Klone) – als Doppelgängerin vorgestellt, die aufgrund ihrer angesprochenen schwierigen Lebensverhältnisse vorerst als vorrangig (klein-)kriminelle Figur präsentiert wird, womit sie dem tradierten Motiv des Doppelgängers in fiktionalen Erzählungen noch zu entsprechen scheint (vgl. Wulff 2001, S. 6). Nun ist Manning kein ‚(natürlicher) Zwilling' der nur kurz aufgetauchten Beth Child, sondern ein ‚künstlicher Klon' von einer ganzen Reihe von vermeintlich gleichen weiblichen Erscheinungen. Jedoch wird hierdurch ihr potenziell negatives, weil kriminelles Verhalten nicht noch weiter radikalisiert – wie sonst üblich für Klon-Narrative –, sondern Manning entwickelt sich zur zentralen (Haupt-)Figur der Serie, die zunehmend (wenngleich nicht immer) durch ein positives, vor allem schützendes Verhalten (gegenüber ihrer Tochter, ihres Pflegebruders und auch ihrer weiteren Klone) auffällt. Während der Klon in populären Erzählungen doch mehrheitlich „nicht nur eine *verminderte Willensfähigkeit*, sondern auch eine erhöhte Wahrscheinlichkeit zum *Bösesein* hat" – begründet durch die Motivgeschichte des Menschenimitates – (Wulff 2001), bricht die Serie recht schnell mit diesen tradierten Erzählkonventionen und kehrt das Inszenierungsmuster des ‚guten Menschen' und des ‚bösen Klons' um. Das soll nicht heißen, dass in *Orphan Black* nun alle Klone als ‚gute Figuren' erzählt würden – einige Exemplare des Castor-Projektes, aber auch zum Beispiel die Figuren Rachel Duncan oder die ambivalente Klon-Schwester Helena beweisen das Gegenteil –, jedoch verweigert sich die Serie in ihren Figurenzeichnungen der Klone dieser einseitigen Gegenüberstellung.

Damit verbunden wird auch die Frage nach Original und Kopie in Bezug auf die Identität der Klone innerhalb der Serie entsprechend anders gestellt. In den meisten Fällen folgt die Inszenierung einer anschaulichen Einteilung von (‚falschen') geklonten Menschen im unmittelbaren Kontrast zum (‚richtigen') Original, wobei der Klon – wie schon ausgeführt – potenziell böse, das Original hingegen prinzipiell gut zu sein hat (vgl. Maio 2006, S. 242). „The point of these films is to underscore – by means of cloning – the protagonist's individuality and originality" (Maio 2006, S. 243). Die mit dieser Gegenüberstellung verbundene kulturelle Wertung – die da heißt: nur das Original ist überhaupt werthaft, was letztlich heißen soll, dass dem ‚natürlichen' bzw. ‚natürlich geborenen' Menschen ein kultureller Wert zugeschrieben wird, während dies für ‚künstlich gezeugte/gezüchtete' Klone als Irritation einer vermeintlich ‚natürlichen Ordnung der Dinge und von Welt' nicht zu gelten scheint – entfällt für die Serie *Orphan Black*, da die Konfrontation des einen (unverwechselbaren) Originals mit einem oder mehreren Klon/en – als einfache, meist bösartige Kopie – und damit verbunden auch der zentrale Wesenskonflikt nicht stattfindet. Die Klone in *Orphan*

4.2 Orphan Black

Black gehen zwar auf das *genetische Originalmaterial* von der erst im Laufe der dritten Staffel eingeführten Figur Kendall Malone (gespielt von Alison Steadman) zurück, was allerdings nicht heißt, dass sich hieraus ein destruktiver Konfrontationsplot entfalten soll. Die seriellen Klone werden allesamt mit jeweils eigenen Eigenschaften präsentiert, wodurch ihnen prinzipiell eine jeweils eigene (soziokulturelle) Identität diegetisch zugesprochen wird. Der Klon in populären, vor allem filmischen Erzählungen – inszeniert entlang des Doppelgängermotivs – problematisiert in der Regel Identitätsprozesse durch eine folgenreiche *„Ich-Begegnung* in Gestalt des zweiten Leibes", wodurch dem Menschen (als Original) vor dem Hintergrund (s)einer Kopie auf Basis des genetischen Materials die Einzigartigkeit (d. h. der genetische Abdruck) abgesprochen wird (Wulff 2001, S. 5). Folglich werden Klone im Narrativ der Identitätssuche verarbeitet, wobei Identität durch den Konflikt erst gewonnen oder definiert werden kann. Gemeint ist damit der Konflikt sowohl auf der Basis der Gegenüberstellung von Original und Kopie (als Frage: wer bin ich?) wie auch im Spannungsverhältnis zur technisch-kommerziellen Gesellschaftsordnung, innerhalb der es zu dieser Konfrontation bzw. Ich-Begegnung gekommen ist (als Fragen: woher komme ich und wozu gehöre ich?). Dabei wird Klonen lediglich eine Funktion (und weniger eine Identität) zugeschrieben: „Der Film setzt die Klone in deutliche Differenz zu den Menschen – sie sind funktional gewonnene Doppel, die die Aufgaben erfüllen sollen, zu denen sie geschaffen wurden. Aber sie fallen nicht unter den Anspruch der Menschenrechte. Sie sind Außer-Menschlich" (Wulff 2001, S. 7).

Orphan Black wiederum problematisiert nun *gerade diese Inszenierungsweisen,* indem das spiegelbildliche Gegenüberstellen von Mensch (Identität des Originals) und Klon (Funktion einer Kopie) aufgehoben wird. Die Klone sind sich zwar (und allenfalls) untereinander optisch ähnlich (nicht jedoch gegenüber ihrem Spendermaterial als genetischem Original), haben sich allerdings alle infolge der Verteilung auf verschiedene Länder sowie deren sozio-kulturelle Räume bzw. Milieus und Bildungsschichten entsprechend abweichend – oder eben auch: individuell – entwickelt. Sie sind unterschiedlich intelligent, vertreten verschiedene Meinungen und Werte, pflegen unterschiedliche Lebensstile usw. Alison Hendrix beispielsweise ist als konservativ-hochgeknöpfte Mutter (von Adoptivkindern) und Ehefrau mit gutbürgerlichem Vorstadtcharme inszeniert („this one is an uptight soccer mom", Sarah über Alison in „Instinct", Staffel 01, Episode 02). Cosima Niehaus wird als Lesbierin und hochintelligente Wissenschaftlerin erzählt, die ihre Doktorarbeit in evolutionärer Entwicklungsbiologie schreibt. Rachel Duncan wiederum präsentiert sich als intrigante Antagonistin (vor allem in der zweiten Staffel), die für das Dyad Institute alle Klone überwacht, während Helena – aufgewachsen in der Ukraine und ebenfalls ein Waisenkind, das von derselben Leihmutter zur Welt gebracht wurde, die auch Sarah Manning gebar –, als psychisch instabil inszeniert wird, die unter der Vormundschaft von Tomas (einem psychopathischen und religiösen Fundamentalisten) sowie Maggie Chen (einer Doppelagentin für das Dyad Institute als auch der religiösen Gruppierung um Tomas) dazu ausgebildet wurde, die anderen Klone zu jagen und umzubringen (während ihr Tomas fortwährend ‚predigt‘, dass Helena doch das Original sei und ihre künstlichen Kopien zu zerstören habe). Und Sarah Manning schließlich wird als kleinkriminelle Problemwaise mit undurchsichtigen Bekanntschaften vornehmlich im Underground erzählt („Freaks and punks, lost puppies. We always had a friend in Sarah", ein Freund über Sarah in „Instinct", Staffel 01, Episode 02). Die kanadische Serie trennt dabei also zwischen dem genetischen Code als informatische Ausgangsbasis einerseits und der soziokulturellen Prägung der einzelnen Klone als eigenständige Subjekte mit unterschiedlichen Biografien andererseits. Für die Ich-Begegnung heißt das nun, dass die Auseinandersetzung mit der Frage nach Identität und Original(ität) *zwischen den Klonen selbst* auszutragen ist. Dabei jedoch ist neben der Suche nach dem Ursprung – verstanden als Selbstfindungsprozesses – gerade der Versuch virulent, über die Herkunft herauszubekommen, wer die Klone jagt und ermordet. Bezeichnend dafür ist die Begegnung von Sarah mit Alison und Cosima am Übergang von der zweiten auf die dritte Episode der ersten Staffel – mit dem bedeutungsvollen Titel „Variation Under Nature":

> Sarah: „I've never known a blood relation, but being your twin certainly sucks."
> Alison: „You really have no idea, do you?"
> Cosima [betritt den Raum]: „Hey. I'm Cosima. We talked on the phone."
> Sarah: „Bloody hell. How many of us are there?"
> […]
> Sarah: „Look, can you just tell me what the hell this is?"
> Alison: „Don't tell her anything!"
> Cosima: „Short answer? No."
> Sarah: „How are we all related?"
> Alison: „We're not!"
> Cosima: „Well, we are, by nature. She's [gemeint ist Alison] referring to nurture."
> Alison: „Just give us the briefcase that you got from the German."
> Sarah: „I'm not giving you shit 'til you give me some answers."
> Alison: „You don't rate answers."
> Cosima: „Alison…"
> Alison: „Fine! She wants in? We're clones. We're someone's experiment and they're killing us off. Is that helpful?"
> Cosima: „Sorry. I wanted to float that whole clone thing a lot softer."

4.2 Orphan Black

Auf der Ebene des genetischen Codes (vermeintlich) identisch („nature"), aber vor dem Hintergrund der unterschiedlichen soziokulturellen Entwicklung verschieden („nurture"), löst die Konfrontation zwischen Sarah mit ihren Klonen Cosima und Alison hier nun keinen folgenschweren Wesenskonflikt aus (wer ist Original, wer ist Kopie?). Stattdessen ziehen sich die Klone auf ihre jeweilige Eigenständigkeit zurück und beweisen damit keine abnehmende, sondern gerade eine zunehmende Willensfähigkeit, die eigene Identität (als Klone) zu verteidigen, wie auch der nachstehende Dialog zwischen Sarah und Felix zeigt („Variation Under Nature", Staffel 01, Episode 03):

> Felix: „You've got to be kidding me. Clones? Clones?"
> Sarah: „They're not me. They're not. They're completely different people."
> Felix: „Soccer-mum Sarah, Dreadlock science geek Sarah? Arguably more attractive than the real Sarah."
> Sarah: „Yeah, I was there, thank you."
> Felix: „How can it be, though?"
> Sarah: „What difference does it make, Fe?"
> Felix: „Last time I checked, human cloning was illegal, let alone impossible."
> Sarah: „Yeah, leave it out, okay? It doesn't matter."
> Felix: „It does matter! Dead Beth, dead German, those two, three other Euros, you, that's eight. And Dreadlocks is going on about a blood sample saying it's life or death. You can't just ignore it."
> Sarah: „Yes, I can. I'm just me, okay? The song remains the same. We get the 75 grand back from Beth's partner, we get Kira, and we get as far away from all this as possible."

Tatsächlich wird sich die Handlung gänzlich anders entwickeln. Denn eingespannt in die Verfolgung durch religiöse Fundamentalisten sowie die Agenten des Dyad Institutes werden Sarah und die anderen Klone – gemeinsam mit Felix, Siobhan Sadler und weiteren Unterstützer_innen – versuchen, mehr über das Klonexperiment Leda, aus dem sie entstanden sind, und somit über ihre wissenschaftliche Herkunft herauszufinden. Allerdings bleibt ein ‚Lied tatsächlich dasselbe': Über die (soziokulturelle) Variation in der (genetischen) Wiederholung signifiziert sich innerhalb der Serienhandlung ein Selbstfindungsprozess des Klons als Reproduktion ohne unmittelbares figürliches Original – und damit gerade die Umkehrung des tradierten Erzählmusters in populärkulturellen Erzählungen!

Der zweite Motivkomplex – die Optimierung des genetischen Ausgangsmaterials durch Manipulation der menschlichen Datenbasis (genetischer Code) – verbindet innerhalb der seriellen Erzählung jüngere transhumanistische Denkansätze mit dem Beschreibungsmodus der ‚Informatisierung des Körpers', wie dieser im zweiten Kapitel dieses Buches vorgestellt wurde. Gleichzeitig verschränkt sich dieser Ansatz mit dem dritten Motivkomplex – der Repräsentation von Wissenschaft –, weshalb ich beide Bereiche nachstehend gemeinsam thematisieren werden. Bezeichnend für *Orphan Black* ist sicherlich, dass sich die Serie hinsichtlich des Human Cloning stärker an wissenschaftlichen Paradigmen um das ‚reproduktive Klonen' orientiert. Beim reproduktiven Klonen wird aus einer Zelle des zu klonenden Organismus zunächst der Zellkern isoliert und in eine Eizelle, aus der der Zellkern entfernt wurde, eingesetzt. Im Anschluss daran wird der Entwicklungsprozess durch Stimulation (in der Regel durch einen Stromimpuls) angeregt und das Klon-Material in den Uterus einer Leihmutter eingesetzt. Wenn alles wie gewünscht abläuft, entsteht aus diesem sehr technischen Prozess geklontes Leben (vgl. u. a. Wilmut et al. 2015). Das Verfahren in der Fiktion der Serie folgt somit (zunächst!) einem wissenschaftlichen (Theorie- und Denk-)Ansatz. Dabei nimmt sich die Serie auch die Zeit, den Entwicklungen einen entsprechenden historischen Vorlauf zu geben. Die weiblichen Klone in *Orphan Black* gehen alle auf das Geburtsjahr 1984 zurück, infolgedessen ihnen eine plausible Biografie bis in die erzählte Gegenwart der Diegese zugestanden wird – abseits von einer verkürzten und unglaubwürdigen „MacGuffin-Erklärung" (Wulff 2011, S. 2) wie etwa über schnell wachsende Hormone, die den Klon in wenigen Tagen zu einem Erwachsenen werden lassen und dergleichen mehr. Die Ausrichtung der Erzählung an wissenschaftlichen Rahmenbedingungen des Klonens – bezogen auf die Fokussierung auf das genetische Ausgangsmaterial – ist Resultat einer Datenfixierung der Genforschung, wie sie mit Thackers (2003a) Biomedienansatz theoretisch verstanden bzw. mit dem Beschreibungsmodus der ‚Informatisierung des Körpers' auch populärkulturell analytisch charakterisiert werden kann. Die Besonderheit eines jeden Klons wird auf dessen Genom zurückgeführt, das innerhalb der Serie zur praktischen und ortsungebunden Untersuchung als Datenpaket auf eine externe Festplatte gespeichert werden kann (Abb. 4.5). Cosima, die im Verlauf der ersten Staffel zur Untersuchung ihres eigenen Genoms von Dyad als Forscherin angeworben wird, decodiert ihre genetischen Daten am heimischen Laptop (Abb. 4.5). Vor allem ist sie auf der Suche nach einer synthetisch hinzugefügten Sequenz, die – wie sich schließlich herausstellen soll – eine streng *informatische Unterscheidung* der Klone nach ihrem genetischen Code dann doch möglich machen soll (Abb. 4.5).

Als Cosima auf diese Sequenz aufmerksam geworden ist, erklärt sie diese gegenüber Sarah wie folgt („Unconscious Selection", Staffel 01, Episode 09): „[Sarah:] So we're not genetically identical? [Cosima:] We should be, but there's a synthetic sequence. I don't know what it is, exactly, but it's like a barcode,

4.2 Orphan Black

Abb. 4.5 Datenanalyse von Cosimas Genom inkl. der synthetischen Sequenz in *Orphan Black*. (© Space/BBC America)

maybe, maybe a way to differentiate us?". Der Strichcode, der sich noch in der US-Serie *Dark Angel* visuell eindeutig als Tattoo im Nacken zu erkennen gibt (vgl. Kap. 2), erscheint nun in der Narration der Serie *Orphan Black* sehr viel abstrakter als synthetische Sequenz, eingebettet in den genetischen Code; wobei die symbolische Signifikanz – die Identifikation über einen numerischen Schlüssel – für beide Serien gleich bleibt. Während ihrer weiteren Erforschung dieser synthetischen Sequenz nun erklärt Cosima eine Folge später (im Finale der ersten Staffel): „I think the sequence is a message. Like Dr. Craig Venter watermarked his synthetic DNA. It's a key to our origins." Venter, der mit seinem Team für die Firma Celera Genomics als privatkommerzieller Konkurrent zum Human Genome Project an der Sequenzierung des menschlichen Genoms und der Herstellung künstlichen Erbgutes arbeitete (vgl. Kap. 3), markierte die synthetischen Sequenzen entsprechend mit Wasserzeichen (vgl. Gibson et al. 2010). In einem Artikel des Wissenschaftsjournalisten Ian Sample für den *Guardian* (2010, o. S.) heißt es: „Dr Venter's team developed a new code based on the four letters of the genetic code, G, T, C and A, that allowed them to draw on the whole alphabet, numbers and punctuation marks to write the watermarks. Anyone who cracks the code is invited to email an address written into the DNA." In ihren Erklärungen über die Präsenz einer synthetischen Sequenz im Genom der Klone in *Orphan Black* verweist Cosima auf genau diese Art des Setzens von „watermarks" innerhalb des ‚Quellcodes' der Klone zu deren Unterscheidung. Damit werden allerdings auch das grundlegende Prinzip der Informatisierung des Körpers und auch die Thematisierung eines hier virulenten anthro-informatischen Menschenbildes noch einmal deutlich akzentuiert. Das Schreiben in der synthetischen DNA-Sequenz eines Menschen (bei Venter) oder eben eines Klons (wie in der Serie) scheint letztlich doch dem Anpassen eines jeden anderen digital vorliegenden Codes – völlig egal, wie komplex dieser auch zu sein scheint – unmittelbar vergleichbar. Innerhalb der Serie wird dies pointiert am Ende der finalen Episode der ersten Staffel vorgeführt, wenn Cosima die synthetische Sequenz innerhalb ihres Codes zu decodieren sich anschickt und erst nach einigen Fehlversuchen erkennt, wie sie vorzugehen hat: „We're molecular-encoding, from 30 years ago. Yes, but we're looking at it from now. Of course. They weren't coding nucleotides. It was whole base pairs? Not four letters, but two, A-T and G-C. Ones and zeros. Binary. They were coding in ASCII!" („Endless Forms Most Beautiful", Staffel 01, Episode 10). Nachdem die Parameter angepasst sind und die Zeichencodierung nach ASCII berücksichtigt wurde, kann Cosima nach der Konvertierung des Codes in lesbare Zeichen den versteckten Hinweis entschlüsseln, der da lautet: „THIS_ORGANISM_AND_DERIVATIVE_GENETIC_MATERIAL_IS_RESTRICTED_INTELLECTUAL_PROPERTY" (Abb. 4.6).

Abb. 4.6 Decodierung der synthetischen Sequenz in *Orphan Black*. (© Space/BBC America)

4.2 Orphan Black

Damit verweist die Serie auf den im Umfeld der Genforschung im 20. Jahrhundert florierenden Umgang mit Patenten, der nach einer Entscheidung des US-amerikanischen Supreme Courts mittlerweile allerdings eingedämmt wurde. Für isolierte menschliche (d. h. natürliche) Gene sind Patente in den USA mittlerweile unzulässig, wohingegen synthetische Generzeugnisse auch weiterhin patentiert werden können. Das sich hieraus für die Serie entwickelnde Szenario – „It's a patent. [...] We're property. Our bodies, our biology, everything we are, everything we become, belongs to them" („Endless Forms Most Beautiful", Staffel 01, Episode 10) – wäre somit unter gegenwärtigen juristischen Bedingungen natürlich undenkbar. Für den Spannungsaufbau (als Cliffhanger zum Staffelfinale) der Erzählung der Serie ist dies jedoch an dem Punkt ein zentraler Plot-Treiber, der doch zeigt, welche dramaturgischen Potenziale eine serielle Erzählung freilegen kann, die ein ‚DNA-Narrativ' (vgl. Eder 2011) durch ein ‚Informations-Narrativ' über den genetischen Code ersetzt.

Und diese informationsbasierte Sichtweise auf den Menschen verschränkt sich dann auch umstandslos mit einer generellen Vorstellung seiner vermeintlich grenzenlosen Optimierung – über seine genetischen Anlagen. Als bekennender Neolutionist rekurriert dabei gerade die Darstellung des wissenschaftlichen Leiters des Dyad Institutes Dr. Aldous Leekie (gespielt von Matt Frewer) auf die transhumanistische Vorstellung von einem selbstbestimmten Enhancement des Menschen. Als Leekie in der ersten Staffel im Rahmen eines Vortrags vorgestellt wird, präsentiert er sich mit folgender Rede:

> Neolution: a philosophy of today for tomorrow, rooted in our past, in the evolution of the human organism. But before we go to the future, let me take you back to the great Greek philosopher Plato and his twilight years. Poor old Plato was going blind, going lame, and losing his hearing! Now, imagine if he knew we could correct his sight, restore his hearing, and replace his ailing body parts with titanium ones. Plato would've thought we were gods! But we're not, we're just fundamentally flawed human beings. Your glasses, for example, make you somewhat, um, platonic. But within the very near future, I'll be able to offer you the ability to see into a spectrum never before seen by the naked eye ... infrared, x-rays, ultraviolet („Variations Under Domestication", Staffel 01, Episode 06).

Ein Denken also, so der Tenor, geprägt von einer (griechischen) Theorietradition der Vergangenheit über die Verhältnisse von morgen vor dem Hintergrund der Gegebenheiten von heute. Ein Denken, das sich grundlegend und nachhaltig der Optimierung des Menschen verschrieben hat – das ist so ziemlich genau das Prinzip des Transhumanismus. Die Philosophie – in der Serie neu gelabelt als eben

„Neolution" – „gives us the opportunity of self-directed evolution", doziert Leekie („Variations Under Domestication", Staffel 01, Episode 06). Das Klonen, dem sich die Serie als zentralem Thema widmet, geht hierbei Hand in Hand mit der wissenschaftlichen Prämisse eines prinzipiellen Umbaus des Menschen durch Design bzw. Re-Design der Basisdaten. Entlang der Axiome von Wissenschaft als Technoscience, die hier populärkulturell entsprechend interpretiert und im Kontext einer seriellen Spannungsdramaturgie verarbeitet wird, verschmelzen Genetik (als die Forschung am menschlichen Code) und Human Enhancement (als die Vision von der Optimierung des Menschen) im Horizont dessen, was mit und über das Human Cloning hinaus möglich gemacht werden könnte; Chancen und Risiken von Science im Rahmen einer Technological Culture eben – im Verständnis einer Informatisierung des Körpers.

Politisierung des kybernetischen Körpers in fernsehseriellen Fiktionen

Im Februar des Jahres 2011 begründete ein junger Russe den visionären Bauplan für die Welt von morgen – zumindest wird er sich das wohl so gedacht haben. Spezialisten auf dem Gebiet der Gestaltung neuronaler Interfaces sowie der Forschung zu Robotik als auch zu künstlichen Organen und Systemen sollen ihn dabei unterstützt haben und eine ganze Reihe der bekannten Visionäre und Wissenschaftler_innen aus dem Umfeld der transhumanistischen Community – wie Ray Kurzweil, Anders Sandberg, Ben Goertzel und Natasha Vita-More – sympathisieren mit den Zielen der sogenannten „Initiative 2045". Die Welt von morgen ist eine, die sich der Unternehmer Dmitry Itskov als Ära der Neo-Humanity vorstellt. Moderne Gesellschaften mit ihren Weltraumstationen und Atomunterseebooten, mit ihren iPhones und elektrisch angetriebenen ‚Segway'-Einpersonen-Transportern können die Menschheit nicht vor den Limitationen der körperlichen Leistungsfähigkeit und schon gar nicht vor Krankheit und Tod bewahren, wie es im Manifest der Initiative mahnend heißt (vgl. http://2045.com/about/). Wissenschaftler_innen auf der ganzen Welt arbeiteten bereits an Technologien, die die Gestaltung von „artificial human body prototype[s]" (http://2045.com/about/) innerhalb der nächsten Dekade möglich machen sollen. Und in der Tat trafen sich einige dieser Wissenschaftler_innen vom 15. bis 16. Juni 2013 in New York auf der im Netz recht umfangreich beworbenen Global Future Conference (vgl. http://gf2045.com/). Bildstark umgesetzt zeigt sich der Glaube an eine umstandslose Überführung des ‚menschlichen Bewusstseins' in einen künstlichen Avatar-Körper innerhalb der „Initiative 2045" entlang der vier Milestones des Projektes (Abb. 5.1). Die Implementierung des Projektes soll, so zumindest die Vorstellung des Initiators, zu einer massiven Ausdehnung von Innovation und globaler Entwicklungen führen und das Leben des Menschen grundlegend umgestalten (vgl. http://2045.com/about). Der Ausblick auf die beschworene Ära der Neo-Humanity

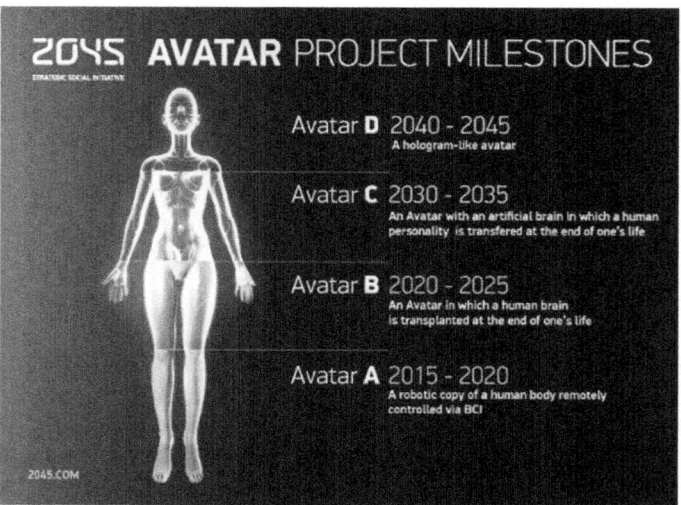

Abb. 5.1 Das Avatar-Projekt der *Initiative 2045*. (© Initiative 2045)

vermittelt sich dabei als mehr oder weniger letzter und vor allem alternativloser Ausweg aus dem erlahmenden Zustand, in dem sich der Mensch (in seiner gegenwärtigen Verfasstheit) befindet. „The speed of data transmission has increased by muliples of millions", während die Rate an globalen Effekten krisenhaften Ausmaßes nahezu unbegrenzt ansteigt. Gleichzeitig renne uns die Zeit, die wir für das Treffen richtiger Entscheidungen haben, schon lange davon (vgl. Promotion-Video auf der Homepage der Gruppierung auf http://2045.com/).

Die Weggabelung, an der sich die Menschheit zurzeit zu befinden scheint, bietet zwei mögliche Pfade zur Wahl aus: 1) das gegenwärtige Zeitalter der Rückständigkeit und Degeneration oder 2) ein neues Zeitalter der Entwicklung und der Optimierung. Erst durch die unmittelbare Einsicht, die technologische Revolution auch tatsächlich zum Aufbau eines neuen Verständnisses von Mensch und Gesellschaft sowie Wissenschaft und Kultur zu nutzen, öffne sich die Türe in eine anvisierte neue Welt. Diese wiederum brauche ein neues ideologisches Paradigma, nachdem es nicht mehr nur darauf ankomme, die umweltlichen Bedingungen durch Technologie zu verbessern, sondern die Menschheit selbst (vgl. http://2045.com/about/).

Zeit solle nicht mehr mit nur temporären Sanierungen verschwenden werden. Das Wissen um die Potenziale beispielsweise der NBIC Converging Technologies sei endlich in einer Weise zu nutzen, die nicht nur elaboriertere Smart Media Systems hervorbringe, sondern ein *becoming of* Smart People in einer technologisch bestimmten vernetzten Informationsgesellschaft möglich mache. Die Grenzen des Menschen zu überschreiten heißt hier also, dass im Rahmen einer transhumanistischen Denkweise das, was Mensch sein *kann*, nicht mehr von einem als zu eingeschränkt empfundenen anthropologischen Standpunkt aus betrachten werden soll. Stattdessen geht man von den Potenzialen und Chancen avancierter Technik aus, die sich ‚formend' auf den Menschen als Trans-Human auswirken. Oder anders gewendet: Mensch und computerbasierte Medientechnik haben sich innerhalb der Vision der „Initiative 2045" vollständig zu synchronisieren – *at the speed of data transmission.* Innerhalb der Initiative wird somit der Beschreibungsmodus einer Informatisierung des Körpers buchstäblich genommen. In der Tradition des Moraveschen Mind Uploadings als auch im unmittelbaren Anschluss an die zur maßgeblichen Ideologie erhobene Theorie der (frühen) Kybernetik wird gerade das Avatar-Projekt – von 1) der „robotic copy" des menschlichen Körpers über 2) einen künstlichen Avatar mit einem menschlichen Gehirn und 3) einem Avatar mit künstlichem Gehirn, in welches menschliches Bewusstsein hochgeladen werden kann, bis hin zu 4) einem vollständigen Hologramm eines Menschen, der (sozusagen in seiner Verfasstheit als numerischer Code) im Netz digital vor sich hin ‚leben' kann – auf eine soziopolitische Agenda gebracht. Voraussetzend ist nicht nur die ausschließliche Implementierung eines künstlichen Körpers. Ein gänzlich neues kulturelles System aus Betrachtungsweisen und Werten um die Möglichkeiten von Technik soll die Menschheit dabei unterstützen und anleiten, ihre intellektuellen, moralischen, physischen, mentalen und auch spirituellen Entwicklungen neu auszurichten (vgl. http://2045.com/about/).

Während im Umfeld der „Initiative 2045" so also auf der Makroebene der große gesellschaftspolitische Entwurf geplant wird, agieren hingegen auf der Mikroebene Aktivist_innen, die durch das Implantieren von Wearable Smart Technologies unter die Haut an einer Idee von „Cybernetics for the Masses" (Lepht Anonym 2011) arbeiten. Gemeint sind die sogenannten Do It Yourself-Cyborgs der Biohacker-Bewegung. Biohacker wollen im Prinzip ebenfalls den genetischen Code des Menschen wie einen Computercode lesen und verstehen. Dabei experimentieren sie auf unterschiedliche Art und Weise mit moderner Technologie, um den Menschen (noch) auf eine optimierte Form ‚vorzubereiten'. Gemäß der Prämisse *do it yourself,* bastelt man buchstäblich (zumeist) am eigenen Körper herum, um den Zustand der biologischen Mangelhaftigkeit zu überwinden.

Tim Cannon ist ein solcher Do It Yourself-Cyborg, der sich die Idee der ständigen digitalen Vermessung des eigenen Selbst – wie dies im Kontext der Quantified Self-Praktiken stetig vorgelegt wird – zu eigen gemacht und die entsprechende Messtechnik nicht *am,* sondern gleich *im* Körper trägt. Unter der Kuppe seines Ringfingers beispielsweise trägt er einen Magneten und in der Hautfalte zwischen Zeigefinger und Daumen hat man ihm einen RFID-Funkchip eingesetzt. Darüber hinaus ‚schmückt' ihn seit einiger Zeit ein ‚Biodaten-Chip', den er sich unter die Haut seines linken Arm transplantieren ließ (Abb. 5.2). Hergestellt wurde dieser ‚Biodaten-Chip' von der sogenannten Grindhouse Wetware Gruppe. Dabei handelt es sich um einen Zusammenschluss von Biohackern, Programmierern und Künstlern. Cannon wiederum gehört zu den Mitbegründern von Grindhouse Wetware.

In einer Reportage für das Online Magazins *Motherboard* interviewte Max Hoppenstedt (2013) sowohl Cannon als auch den sogenannten *Flesh Engineer* Steve Haworth, der dem DIY-Cyborg den Chip eingesetzt hat. Circadia, so der Name des Chips, misst zunächst einmal lediglich die Körpertemperatur und sendet die Messwerte via Bluetooth an ein Tablet. Circadia ist ein implantierbares Gerät zur Aufzeichnung biomedizinisches Daten und zur Übermittlung dieser Daten ins Internet. Statt einen Arzt zu konsultieren und in diesem Zusammenhang immer nur Ausschnitte über den individuellen Gesundheitszustand zu erfahren, sollen mit Circadia Wochen und Monate an Daten für die persönliche Auswertung generiert werden können. Auch ließen sich Texte oder Warnungen vom Android

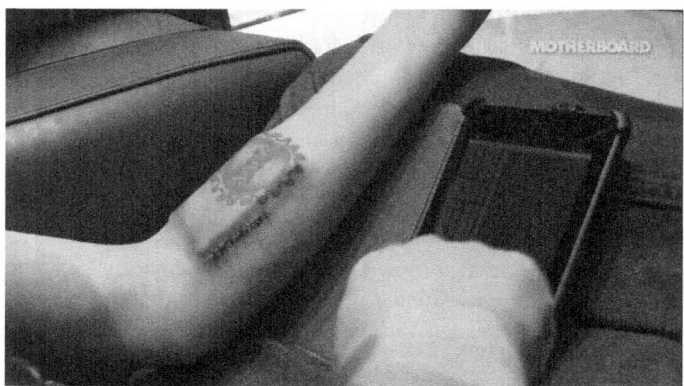

Abb. 5.2 Biodaten-Chip unter der Haut von Tim Cannon. (Still aus einer Reportage für Motherboard, © Vice Media Inc., 2013)

Smartphone an das Circadia-Implantat mittels LEDs durch die Haut anzeigen (http://grindhousewetware.com/). Um diesem Vorgang mit einer gewissen technologisch geprägten Ästhetik auszustatten, beinhaltet das Implantat drei grün leuchtende LED-Lämpchen, die zusätzlich aktiviert werden können. In einem Interview in der ZEIT antwortet Cannon auf die hier womöglich naheliegende Frage, warum das Tragen eines Messgerätes *an* einem Arm nicht ausreiche: „Es ist vor allem ein psychologischer Unterschied. Etwas, was du nur trägst, ist kein Teil von dir. Wenn es dagegen in die steckt, fühlst du dich damit verbunden, und du nutzt es viel intensiver" (Beuth 2013 o. S.).

Wenn man die Praktiken der DIY-Cyborgs medientheoretische wenden wollen würde, ließe sich durchaus sagen, dass hier durch die Tendenzen des ‚quantitativen Empfindens' durch die Ausdehnung Smarter Mobilmedien innerhalb eines ‚atmosphärischen Medienverständnisses' (vgl. Hansen 2011) die Durchdringung von Mensch und Smarten Medien auf eine leibliche Performance gebracht worden ist. „Medien transformieren grundlegend, *wie* wir erfahren und erleben oder, besser gesagt, wie wir in und aus ebendiesem Erfahrungsprozess heraus komponiert und verfasst sind" (Hansen 2011, S. 372). Medientheoretisch – in einer doch ziemlich transhumanistischen Sichtweise – soll das konsequent Folgendes bedeuten: „In unseren Interaktionen mit den atmosphärischen Medien des 21. Jahrhunderts", die fortwährend Daten über unseren Körper und (nicht selten gegen unseren Willen) über unser Verhalten (zu) sammeln (haben), „stehen wir menschlichen Individuen nicht länger als gesonderte, eigenständige und quasiautonome Subjekte klar unterschiedenen Medienobjekten gegenüber" (Hansen 2011, S. 367). Vielmehr „konstituieren wir uns selbst als Subjekte durch die Operationen einer Unzahl multiskalarer Vorgänge, von denen einige (wie die neuronale Verarbeitung) eher ‚verkörpert' scheinen, andere wiederum (wie die rhythmische Synchronisierung mit materiellen Ereignissen) eher ‚verweltlicht'" (Hansen 2011). Medien also machen Menschen, soll das heißen. Mit Blick auf die DIY-Cyborg Bewegung nun löst sich allerdings die Differenzierung von ‚verkörperten' und ‚verweltlichten' medial-atmosphärischen Prozessen auf, wenn die Smart Technologies nicht (mehr) über eine dem Körper ‚un-wesenhafte', also dem Körper externe Form genutzt werden, sondern sich mobile Medien und menschlicher Körper *existenziell verschränken*. Das Resultat scheint dabei, dass Subjektivität nicht nur „*dem sensorischen Angebotscharakter der heutigen Netzwerke und Medienumgebungen innewohnt, inhärent ist*" (Hansen 2011), sondern dass sie überhaupt erst *in* und *mit* modernen Smart Technologies *über* und *durch* den Körper des Menschen selbst verhandelbar ist. Und so wären wir erneut innerhalb des Horizontes dessen, was ich als Informatisierung des Körpers beschrieben habe. Denn nicht nur Subjektivität konstituiert sich über das, was man mit Mark Hansen atmosphärische Medien nennen kann, sondern auch Informationsmedien beziehen sich noch immer stets zurück auf den menschlichen Körper, ohne den die Nutzung (etwa von Smart Media) doch den Zweck einbüßt. Beides – Körper und Medientechnologie – hängen also doch noch immer aufs Engste zusammen!

Dreh- und Angelpunkt einer sich dabei andeuteten neuen erkenntnistheoretischen Perspektive ist allerdings die computerbasierte Datenprozessierung als solche und damit auch eine informatische Sichtweise auf die materielle Welt im eigentlichen Sinne. Hansens Ansatz der atmosphärischen Medien rekurriert dabei auf die Netzwerktheorie von Alexander Galloway und Eugene Thacker (2007, S. 157), denen es darum bestellt ist, Netzwerke als das Elementare auszugestalten. Netzwerke operieren oberhalb und unterhalb des menschlichen Subjektes und definieren so die umweltlichen Dimensionen unserer soziokulturellen Praktiken (mittlerweile) überhaupt, die sich der individuellen und auch kollektiven direkten Kontrolle und Manipulation zu entziehen scheinen. Das Elementare des Netzwerkes betrifft die Variablen und die Variabilität von Messungen zwischen der Mikro- und der Makroebene, zwischen Mensch und Struktur, zwischen lokalen und globalen Prozessmustern.

Und das Elementare des Netzwerkes, das nun die Vermessung zwischen der Marko- und der Mikroebene, zwischen Welt und menschlichem Subjekt bestimmt, ist definiert über die Agency des Nicht-Menschlichen, was letztlich nichts anderes heißt, als dass nicht das menschliche Subjekt die basale Konstitutionseinheit für Netzwerke darstellt, sondern eben „a myriad of information, affects, and matters" (Thacker 2007, S. 155). Kurzum: Wenn das 21. Jahrhundert charakterisiert ist durch digitale Netzwerke und wenn diese Netzwerke die atmosphärische Verfasstheit der Gesellschaft und der in dieser lebenden menschlichen Subjekte (in Relation zu ihren Medien) begründen, dann heißt das medientheoretisch offenkundig folgerichtig, dass das herausgestellte Elementare in dieser Gleichung nichts anderes sein kann, als die funktionale Perspektive auf Information an und für sich. Informationsmuster und digitale Codes – vor dem Hintergrund der permanenten Vernetzung und Datenprozessierung – avancieren somit zu grundlegenden Triebkräften der gegenwärtigen Technological World.

Bezogen auf das, was im Kontext der Do It Yourself Cyborgs versucht wird, lässt sich danach festhalten, dass deren Strategien nachgerade als Vorhut auf avancierte High Performance Technologies zu verstehen sich anbieten, die den Menschen in dynamische Funktionsnetzwerke einbinden und re-framen sollen (als Synthese von Human und Information Agency). Über das Sammeln von Big

Data, die den Menschen als Erkenntnisobjekt zunächst abzulösen scheinen, führt die Fusion von Biologie und digitaler Medientechnik im Kontext Smarter Technologien zur computerrechenbaren Prozessierung des Menschen als Smart Being, das sich mit seiner medialen Umgebung auf radikale Weise zu synchronisieren anschickt (womit Human Agency wieder zum Teil der Rechnung wird). Auch hier zeigt sich ein umfassendes Regulations- und Optimierungsprinzips transhumaner, kybernetisch geprägter Ideologie im Kontext technologisch bestimmter und beschleunigter (Um-)Weltverhältnisse als DIY-Praktik sozusagen für den ‚Hausgebrauch'. „Humanity just made a large, DIY step towards a time when everyone can upgrade themselves towards being a cyborg", wie der Journalist Max Hoppenstedt (2013) resümiert.

Damit verbunden – und so komme ich zum primären Anliegen dieses Kapitels – ist letztlich auch eine informationsspezifische Sichtweise auf den technologisch in-formierten, mithin kybernetischen Körper hinsichtlich dessen, was ich als Potenzial seiner Politisierung bezeichnen möchte. Die Auswirkungen auf Paradigmen kultureller Politiken innerhalb eines – um es mit den Worten Tiziana Terranovas (2004) zu sagen – ‚informational milieus' sind dabei gerade wesentlich. „Information is no longer simply the first level of signification, but the milieu which supports and encloses the production of meaning" (Terranova 2004, S. 9). In diesem Sinne avanciert Information als Kernelement kultureller Bedeutungsproduktionen und ruft ein neues Verständnis hervor bezüglich der Verbindung von Kultur, Macht und Kommunikation.

Um dies auf eine Pointe zu bringen, holt Terranova weit aus, in dem sie Information – und damit verbunden immer auch Informationstheorie – zu einer reichhaltigen analytischen Ressource erklärt, um vor allem die „informational dynamics" der gegenwärtigen „cultural politics" beschreibbar bzw. letztlich verstehbar zu machen. In diesem Ausblick geht es danach nicht mehr nur darum, die Bedeutung kultureller Produktion und ihrer politischen Strategien über die *Praktiken der Repräsentation* (von Kommunikation) als medienkulturell exklusive Formen zu verhandeln. Stattdessen soll für eine Sichtweise sensibilisier werden, Information selbst als unbestimmte kulturelle Produktionskraft „crossing the entirety of the social" wie auch als Konstitutiv eines eigensinnigen Informationsmilieus zu begreifen, wodurch das Potenzial des Politischen nachhaltig affiziert und transformiert zu werden scheint (Terranova 2004). Ich möchte diesen – und ausschließlich diesen – Gedanken bzw. Aspekt aufgreifen, allerdings an die Praktiken der Repräsentation (wenn man so will: von einem Informationsmilieu) in populärkulturellen Darstellungsräumen wieder rückbinden. Das scheint sich auf den ersten Blick zu widersprechen, aber mir geht es an diesem Punkt auch um keine theoretische Reflexion von Information als solche, sondern um eine Sichtweise auf politisierende Potenziale des kybernetischen Körpers a) *vor dem Hintergrund eines informatischen Paradigmas* des digitalen Zeitalters und b) in Hinblick auf die populärkulturelle Imagination – und damit auch die in diesem Zusammenhang virulente Herangehensweise an *das Politische im Kulturellen durch Repräsentation*. Dementsprechend greife ich den Hinweis auf, dass Information tatsächlich nicht nur als (r)eine Signifizierungsinstanz zu bezeichnen ist, sondern dass Information in der Tat nachhaltig Auswirkungen auf eine gesellschaftliche Ordnung (verstanden als Weiterentwicklung innerhalb der Traditionslinien der Kybernetik) und eben auch auf den menschlichen Körper hat. Zentral für meine Herangehensweise ist dabei aber gerade, das Politische im Kontext der Praktiken kultureller Repräsentation immer wieder auf verschiedene Praktiken der Darstellung in populärkulturellen Produktionen – hier der TV-Serie – zurückzuführen. Dabei geht es in Hinblick auf das politisierende Potenzial des kybernetischen Körpers zwar in der Hauptsache um die Vorstellung einer Manipulation und tendenziellen Optimierung des Körpers durch den Eingriff in seine Datenlage (den genetischen Code). Allerdings hat die informatische Prämisse deutlich weitreichender Auswirkungen auf 1) die Verschränkung von Mensch, Kultur und Gesellschaft im Rahmen eines informatischen Regimes – wie zum Beispiel die Analyse zur Serie *Person of Interest* gezeigt hat –, aber auch 2) auf die Informatisierung des Körpers im Sinne eines technowissenschaftlichen Verständnisses – wie die Analyse vorrangig zu *CSI* nahelegt. Der gemeinsame Nenner ist eine spezifische Bedeutung von Information innerhalb des Prozesses der digitalen Datenprozessierung. Dies gilt es auch für ein Verständnis hinsichtlich des politisierenden Potenzials des kybernetischen Körpers entsprechend festzuhalten.

In diesem Sinne möchte ich neben dem genannten Ansatz aus den Überlegungen Terranovas noch kurz einen Gedanken Castells' zur Netzwerkgesellschaft aufgreifen – nämlich die Transformation einer politischen Architektur infolge einer digitalen Informationsinfrastruktur „under the conditions of the culture of real virtuality" (Castells 2005, S. 14). In der digitalen Netzwerkgesellschaft ist Virtualität, so Castells, eine spezifische Formation des Realen – und zwar bezogen auf computerbasierte Datenverarbeitungsprozesse als solche. Die Optionen des Ausführbaren innerhalb digitaler Rechenprozesse, die ja prinzipiell unendlich sein können, operieren nicht abseits kultureller Praktiken einer gesellschaftlichen Realität, sondern sie sind insofern immer Teil reeller Prozesse, als dass sie unmittelbare Konsequenzen für kulturelle Praktiken einer gesellschaftlichen Realität zeitigen. Affiziert werden davon nun gerade alle Bereiche des menschlichen Denkens und Handelns: von der alltäglichen Kommunikation in Sozialen Medien über das Erledigen von Bankgeschäften im Internet bis hin zu unterschiedlichen wissenschaftlichen Praxen unter Maßgabe der Digitalisierung und Vernetzung einschließlich der Dynamiken digitaler Medien „with its growing connection to the biological revolution and its derivative, genetic engineering" (Castells 2005, S. 3). Mithin geht es um die grundsätzliche informatische (Neu-)Interpretation aller gesellschaftlicher wie auch biologischer Prozesse des menschlichen (Zusammen-)Lebens und des menschlichen Körpers.

Der *kybernetische Körper,* wie ich ihn verstehe, re-aktualisiert und entwickelt ein veränderliches politisierendes Potenzial unter Maßgabe *seiner Informatisierungsweisen.* Das ist einerseits auch ersichtlich für den eingangs erwähnten Avatar Body der „Initiative 2045" sowie für das Körperverständnis im Umfeld der Do It Yourself-Cyborg Bewegung. Beide heben doch auf ein politisierendes Moment ab, welches mit den Möglichkeiten digitaler Datenverarbeitungsprozesse (in Rekurs auf den biologischen Körper) einen spezifischen Realitätsmodus kultureller Praktiken im Virtuellen zeitigt, was wiederum unmittelbare materielle Auswirkungen auf eine gesellschaftliche Ordnung – verstanden im Sinne eines Informationsmilieus – haben soll. Das ist aber auch andererseits evident für die genetische Sequenzierung des menschlichen Körpers, die informatische (Neu-)Betrachtung der materiellen Welt selbst und auch die Informationsbestimmtheit der Technoscience –, in der Fiktion als auch darüber hinaus.

Information ist hier also der kleinste gemeinsame Nenner im Sinne eines ontologischen Konsenses über den Menschen (als kybernetischen Körper). Und wenn an dieser Stelle von Reaktualisierung die Rede ist, meine ich eine veränderte Verfasstheit des kybernetischen Körpers durch Information – und damit auch eine entsprechende politisierende Tendenz – in Hinblick auf das, was Donna Haraway bereits im Ausgang des letzten Jahrhunderts als Cyborg vorgedacht hat. Diese Reaktualisierung bezieht sich auch auf den noch stets virulenten Stellenwert des kybernetischen Körpers hinsichtlich *seines erkenntnistheoretischen Ursprungs in der populären Medienkultur* – ohne den eine *Politisierung* des kybernetischen Körpers schlicht undenkbar ist. „Cyborgs", so Haraway ([1985] 1995, S. 33) in ihrem berühmten Manifest „sind kybernetische Organismen Hybride aus Maschine und Organismus, ebenso Geschöpfe der gesellschaftlichen Wirklichkeit wie der Fiktion." Als Bestandteil unserer gelebten gesellschaftlichen Wirklichkeit sind sie eines der wichtigsten politischen Werkzeuge in der diskursiven Auseinandersetzung über das Verhältnis von Mensch, Gesellschaft und Sozialkultur zu Technologie. Zentral ist für Haraway (noch) das Kurzschließen der Cyborg-Figur (als Fiktion und epistemologische Utopie) mit den politischen Zielen des Feminismus. „Die Cyborg als imaginäre Figur und als gelebte Erfahrung verändert, was am Ende des zwanzigsten Jahrhunderts als Erfahrung der Frauen zu betrachten ist. Dies ist ein Kampf auf Leben und Tod, aber die Grenze, die gesellschaftliche Realität von Science Fiction trennt, ist eine optische Täuschung." Was also Science Fiction als politische Themen – immer schon – verhandelt, ist von gesellschaftlicher Wirklichkeit nicht zu lösen. Das gilt auch und gerade für (bisweilen angsteinflößende) Mischwesen wie der Figur des Cyborgs. „Die zeitgenössische Science Fiction wimmelt von Cyborgs, Geschöpfen – Tier und Maschine in einem –, die Welten bevölkern, die vieldeutig zwischen natürlich und hergestellt changieren. Auch die moderne Medizin ist voller Cyborgs, Verkopplungen aus Organismus und Maschine, in denen beide als programmierbare Geräte erscheinen, die mit einer Intimität und einer Macht miteinander verbunden sind, wie sie die Geschichte der Sexualität nicht hervorzubringen vermochte" (Haraway [1985] 1995, S. 34). Die Verschmelzung von Mensch und Maschine, von Biologie und moderner Technik, wie sie etwa in der Bio- und Nanomedizin durchprobiert wird, ist von den Visionen der zeitgenössischen Populärkultur in Form von Filmen, Romanen und Fernsehproduktionen zwar durchaus zu unterscheiden, mit Blick auf die gesellschaftlichen Konsequenzen – im Sinne einer politisierten Aussage – jedoch nicht abzukoppeln. Beides – Fiktion und gelebte gesellschaftliche Wirklichkeit – fließen bruchlos ineinander. Und so geht doch gerade darum, „die Cyborg als eine Fiktion anzusehen, an der sich die Beschaffenheit unserer heutigen gesellschaftlichen und körperlichen Realität ablesen läßt. Sie sollte aber auch als eine imaginäre Ressource betrachtet werden, die uns einträgliche Verbindungen eröffnen kann" (Haraway [1985] 1995, S. 34). Als Vorlage also dafür, was die Verschmelzung von menschlichem Körper und moderner Technologie alles anrichten kann – nicht nur in der Dystopie, sondern auch in der Utopie – ist die Figur des Cyborgs, die durchtriebene Vermischung von Fakt und Fiktion, gerade in ihrer fiktionalen Verfasstheit als politisches Instrument ernst zu nehmen. „Cyborgs sind unsere Ontologie. Sie definieren unsere Politik. Die Cyborg ist ein verdichtetes Bild unserer imaginären und materiellen Realität, den beiden miteinander verbundenen Zentren, die jede Möglichkeit historischer Transformation bestimmen" (Haraway [1985] 1995, S. 34). Innerhalb dieser ontologischen Ausgangssituation zeigt sich das politische Moment des Cyborgs gerade aus der Verquickung des ‚Normalen' mit dem ‚Anderen', des ‚Gewohnten' mit dem ‚Ungewohnten' – oder auch anders: des ‚Natürlichen' mit dem ‚Unnatürlichen' und damit letztlich potenziell ‚Angsteinflößenden'. Cyborgs sind damit schließlich die – kulturhistorisch verstanden – natürlichen Verbündeten des Monsters. Die „Cyborg-Monster" etwa der „feministischen Science Fiction" (Haraway [1985] 1995, S. 70) zeigen die Chancen und auch Grenzen einer Politisierung gerade dort auf, wo die „profanen Fiktionen

,Mann' und ,Frau'" aufgelöst werden. Das allerdings muss nicht mit einer beängstigenden Un- bzw. Umordnung der Dinge (innerhalb gesellschaftlicher Wirklichkeit) zusammengehen. Stattdessen gilt es, hinter den Vorhang einer verkrusteten Denkwelt von Normen und Werten des soziokulturellen Miteinanders zu schauen, um die Chancen, die neuen Möglichkeiten zu erkennen. Technologie bzw. die Vermischung von Körper und Technik in Erscheinung der Cyborg – bei Haraway gedacht im Imaginationsraum (potenziell) ausgesetzter Geschlechtlichkeit – vermag genau dort den (kybernetischen) Finger in die Wunde zu legen. „Wenn wir wirklich anerkennen, daß die Metaphorik der Cyborgs nichts Feindliches an sich hat, so zieht das verschiedene Konsequenzen nach sich. Unser Körper – unser Leben, Körper sind Topographien der Macht und Identität. Cyborgs bilden hier keine Ausnahme" (Haraway [1985] 1995, S. 70).

Wer also von Cyborgs spricht, spricht immer auch über das Monströse – inklusive der hierbei virulenten Politisierung des Körpers in der kulturellen Repräsentation seiner Umgestaltung. Das ,Cyborg-Monster' akzentuiert mithin ebenfalls – und in erster Linie – die (besondere) Ambivalenz sowohl medialer wie wissenschaftstheoretischer und schließlich auch immer philosophischer Verhandlungen der Dichotomie von Natur versus Künstlichkeit, Mensch versus Nicht-Mensch sowie Körper versus Technik. Hinsichtlich einer solchen Dichotomisierung gilt jedoch stetes zu beachten, dass so etwas wie ,Natur' bzw. das ,Natürliche' selbst überhaupt nur als Entwurf zu begreifen ist, der sich nachträglich aus der bereits kulturellen Verhandlung heraus entwickelt hat und dem immer eine Kategorisierung vorausgeht (vgl. auch Gunzenhäuser 2006, S. 11). Das Artifizielle, Hybride oder eben auch Monströse nun erfährt gerade durch dieses Kategoriensystem zunächst eine Ausgrenzung, um es dann wiederum im Zuge einer taxonomischen Naturalisierung als Teil des spezifischen kulturellen Ordnungssystems festzusetzen, wobei die bewusste Stigmatisierung des Monströsen als etwas Abnormales eine vollständige Integration – sozusagen in das als ,natürliche Ordnung' begriffene System kultureller Praktiken – in der Regel unmöglich macht (vgl. auch Ochsner 2008, S. 379).

Die Komplexität dieser reziproken Beziehung von ,Normal' und ,Abnormal' – und damit auch von Inklusion und Exklusion – manifestiert sich gerade durch die Fixierung normierter Körperbilder und der daraus folgenden Konfrontation des ,Natürlichen' (oder auch: ,Reinen') mit dem Monströsen. Im Monströsen nun spiegeln sich also Qualitäten und Sinndimensionen des (Nicht-)Menschlichen, auf die noch immer Ängste wie auch Erlösungshoffnungen projiziert wurden und werden – und zwar nicht selten zur selben Zeit (vgl. Gebhard et al. 2009). „Dies bedeutet nicht zuletzt auch, dass die Begegnung des Menschen mit dem

Monster immer auch eine Begegnung mit sich selbst ist" (Gebhard et al. 2009, S. 9). Schon allein hierin liegt ein zentrales Merkmal einer kulturpolitischen Signifikanz des Monströsen – die Spiegelung von Normen und Werten des ‚Normalen' durch das ‚Abnormale' und damit stets die kritische Reflexion über das, was eine vermeintlich ‚natürliche', normative (Wissens-)Ordnung überhaupt zu sein in der Lage sein soll (oder besser: kann).

Das Monströse nun stellt sowohl in geistes- und kulturwissenschaftlicher Theoriebildung wie auch als Gegenstand medialer Körperinszenierungen ein verhältnismäßig komplexes Phänomen dar. Es gilt einerseits als Grundlage zur Abgrenzung des Nichtmonströsen – womit ‚das Normale' üblicherweise aufgewertet werden soll –, andererseits dient das Monströse innerhalb eines solchen Wertesystems gerade auch als utopische Figuration dazu, die Überwindung des Normalen unterschiedlich zu konnotieren und letztlich zu mobilisieren. In Kombination mit technologischen Transformationen avanciert das Monströse in Gestalt des Cyborg-Monsters zu einer theoretischen wie auch analytischen Kategorie, mit der Fragen nach einer Medien- und Kulturtheorie technisch veränderter Körper-, aber auch Gesellschaftsentwürfe der (Post-)Moderne bearbeitet werden können.[1]

Über die möglichen Auswirkungen einer in dieser Hinsicht veränderten Evolutionsdynamik herrscht in theoretischen Konzepten wie auch in populärkulturellen Interpretationen natürlich noch Uneinigkeit: ist die technologische Anpassung bzw. Optimierung des menschlichen Körpers (und auch der entsprechenden soziokulturellen Ordnung) eine gute oder eine zerstörerische Angelegenheit? Diskussionsprägend sind dabei zumeist negative Implikationen und Theoreme nach dem Vorbild beispielsweise Paul Virilios (1986), der ein Verschwinden des Körpers vor dem Hintergrund technologisch determinierter Gesellschaftsformen postuliert. Die letzte medientechnische Revolution bedeutet hier gleichzeitig das Ende der menschlichen Herrschaft über sich selbst. „Why the future doesn't need us" eben, um es noch einmal mit Joy (2007) zuzuspitzen. Innerhalb der dystopischen Narrative zerfällt der Mensch, wie etwa Bolz (1994, S. 9) einst im Versuch einer Theorie des Computers als Medium (v)erklärte, „in Physiologie und Datenverarbeitung" und ist infolgedessen in der „technischen Wirklichkeit der neuen Medien [...] nicht mehr Souverän der Daten, sondern wird selbst in Feedback-Schleifen eingebaut" (Bolz 1994, S. 13). Sei er erst einmal zum ‚Material der Technik' geworden, mache ihn das doch militärische Mediensystem – so an

---

[1]Ein ähnlicher Ansatz findet sich in den literaturwissenschaftlichen Textstudien im Band von Geisenhanslüke und Mein (2009).

anderer Stelle bekanntlich Kittler (1985, S. 122) – als philosophische Einheit im Prinzip doch letztlich „historisch überflüssig".

Dem gegenüber stehen Herangehensweisen an eine koevolutionäre Entwicklungsdynamik von Mensch und Technologie, die der in Aussicht gestellten Verbesserung von menschlichen Eigenschaften, gesellschaftlichen Ordnungen und soziokulturellen Praktiken mehr abgewinnen können. „Wenn eine Maschine die Komplexität des Menschen erreicht oder sogar übertrifft und auch noch seine Werte teilt", so prominent vor allem Kurzweil (2002, S. 343), „werden wir anders denken. Ich betrachte das als eine Expansion unserer Zivilisation. Zwischen Maschine und Mensch wird es keine klaren Unterschiede mehr geben. Die Maschinen werden uns davon überzeugen, dass sie ein Bewusstsein haben." Dass sich daraus auch destruktive Kräfte mobilisieren lassen, weist Kurzweil tatsächlich erst gar nicht von der Hand, bietet allerdings eine weniger vernichtende Reflexion (jenseits nahender Endzeitszenarien) an. Denn es seien nicht die Maschinen, vor denen sich zu fürchten es notwendig sein könnte, sondern der Mensch, der „Technologie gegen den Menschen einsetzt" (Kurzweil 2002, S. 340).

Von einer Koevolution von Mensch und Technik – allerdings weniger aus transhumanistischer, dafür aber aus einer wissenschaftstheoretischen und vielmehr medienpragmatischen Sicht[2] – spricht indessen auch Hayles, wenn sie in Bezug auf kognitive Prozesse in Verbindung mit Medientechnologien unter Rückgriff auf die Arbeiten von Andy Clark (2008) von einer „kontinuierliche[n] wechselseitige[n] Ursächlichkeit" (Hayles 2011, S. 195) im Rahmen der sogenannten Technogenesis spricht. Gemeint ist dabei die „menschliche Kognition als Ganzes (einschließlich Aufmerksamkeitsfokussierung, unbewusster Wahrnehmung und nicht bewusster mentaler Prozesse) [...] im Zusammenspiel mit den [technischen] Werkzeugen, die sie zugleich erst hervorzubringen hilft". Eine Durchdringung also von Mensch und Technologie a) im Sinne koevolutionärer Prozesse wechselseitiger Bezugnahme und b) konkret appliziert auf ein medien- bzw. techniktheoretisches Verständnis der menschlichen Kognition in einem Wechselbezug zu modernen Technologien. Digitale Medien inklusive vernetzter und programmierbarer Computereinheiten und mobiler Geräte als Teil unserer

---

[2]Medienpragmatisch trifft auf Hayles Ansatz insofern zu, als dass sie sich mit verschiedenen theoretischen Positionen – vor allem der Neurowissenschaft – befasst und die umweltlichen Einflüsse (im Kontext medial in-formierter Umgebungen) auf die Entwicklungsdynamik des Gehirns (im Sinne sogenannter epigenetischer Veränderungen) akzentuiert. Sie argumentiert also weniger visionär, als vielmehr wissenschaftstheoretisch unter Voraussetzungen aktueller Erkenntnisse der Neurowissenschaften.

medialen Umgebung durchdringen all unsere gesellschaftlichen Praxen, forcieren eine noch schnellere Kommunikation, noch intensivere und differenziertere Informationsströme, eine noch stärkere Verbindung von Mensch und intelligenten Maschinen und vor allem eine noch einflussreichere Interaktion mit Sprachsystemen auf Basis numerischer Codes. Diese umweltlichen Veränderungen haben so dann natürlich auch bedeutsame neurologische Konsequenzen, „many of which are now becoming evident in young people and to lesser degree in almost everyone who interacts with digital media on a regular basis" (Hayles 2012, S. 11).

Dabei geht es freilich allenfalls um eine strukturelle Verkopplung von Mensch und vernetzten Informationsmedien des digitalen Zeitalters, allerdings wird auch hier gegen eine technikdystopische Sichtweise argumentiert, wenn die kognitive Anpassungsfähigkeit des Menschen (bzw. des menschlichen Gehirns) entsprechend der sich ändernden Umweltbedingungen als konsequente, koevolutionäre Entwicklungsdynamik akzentuiert wird. Der Mensch im 21. Jahrhundert verschränkt sich in seiner Entwicklung eben mehr und mehr mit den Medientechnologien, die er tagtäglich benutzt – und die ihn auf unterschiedliche Weise (zwischen Mikro- und Makroebene) auch nachhaltig beeinflussen – und zwar über eben alle Bereiche gesellschaftlicher und biologischer Prozesse hinweg!

Auch Hararway, um noch einmal auf den Cyborg zurückzukommen, argumentiert ebenso gegen eine von Grund auf dystopisch bestimmte Sichtweise angesichts der (auch bei ihr virulenten) Denkweise der koevolutionären Entwicklung von Mensch und moderner Medientechnologie. Wobei sie den Ansatz stringent an den Körper und das mit seinen Transformationen verbundene politische Moment rückbindet (hinsichtlich der damit immer verbunden gesellschaftlichen Ordnungen). Der Körper wird hier in der Beziehung von Mensch und Technologie zu einem sich neu darstellenden Hybrid einer (post-)modernen Gesellschaft erklärt, wobei Organisches und Anorganisches in einem gesellschaftlich akzeptierten System technologisch veränderter Natürlichkeit konvergieren – eine Technological Culture also (neben den Konsequenzen einer Technoscience). Die Beziehung von Mensch, Natur sowie Kultur befindet sich danach als in (radikalem) Aufbruch und Transformation begriffen und die (post-)moderne Welt weist sich als hybrides Gewebe aus, in dem die genetischen, technologisch veränderten Nachkommen als eben Cyborgs heranwachsen (vgl. auch Haraway 1995, 1996). Der Cyborg ist dabei gerade nicht im Verständnis einer restlosen Körperüberwindung zu sehen, sondern als erkenntnistheoretische mensch-maschinelle Mischform, dessen Einbettung in eine angepasste Gesellschaft angesichts der sich anschließenden kulturellen Umwälzungsprozesse zur Naturalisierung des Cyborgs zu führen haben wird. In diesem Sinne avanciert die Figur des Cyborgs auch zu einer politischen

Idee von Körper, Mensch und Technologie im Sinne einer gesellschaftlichen ‚Neuausrichtung' – also im Sinne eines globaleren Denkansatzes über die Potenziale von Information(stechnologie).

Interessanterweise rekurrieren dieserart Cyborg-Visionen im Kern wiederum auf durchaus klassische Körperkonzepte, wie sie etwa von Michail Bachtin formuliert wurden – und der ebenfalls a) eine politische Prämisse verfolgt unter b) Maßgabe eines globalen gesellschaftlichen Kritikverständnisses. Bachtin entwickelt sein Konzept einer Ästhetik des grotesken Leibes in der Literatur anhand von Motiven, die er in Auseinandersetzung mit dem französischen Romanzyklus *Gargantua und Pantagruel* (1532–1564) von François Rabelais bestimmt. Ihm geht es dabei um eine besondere Vorstellung der Grenzen zwischen Leib und Welt. Der groteske Körper konzentriert sich dabei auf offene und hervorstehende Körperteile, die den einzelnen Körper mit dem Gesamtkörper (dem Volksleib) verbinden. „Der groteske Leib ist ein werdender Leib. Er ist niemals fertig, niemals abgeschlossen" (Bachtin 1985, S. 16). Die Verschmelzung von Leib und Welt, von Subjekt und Peripherie, findet sich in Cyborg-/Kybernetik-Diskursen als Symbiose von Mensch, Maschine und Environment wieder. Besonders die Netzwerkmetaphern machen das Erodieren der Grenzen zwischen Körper, Medientechnik und Systemumgebung deutlich. Das Prozessuale, das für den grotesken Leib konstatiert wird, ist charakteristisch für den Cyborg, in dem der Körper diskursiv als eine dynamische Hybridform entwickelt wird, die stets zwischen den Polen zirkuliert, die auch schon das Monströse in der kulturhistorischen Aufarbeitung beschäftigt haben: der Cyborg (oder deutlicher: das Cyborg-Monster) zieht sowohl Angst und Furcht auf der einen Seite, aber auch klare Erlösungsfantasien auf der anderen Seite auf sich, in deren Folge hierarchisch determinierte Strukturen und Positionen aufzulösen sich anbieten sollen. „Befreiung basiert auf der Konstruktion eines Bewußtseins, das als phantasievolles Erkennen der Unterdrückung neue Handlungsmöglichkeiten eröffnet" (Haraway [1985] 1995, S. 34). Besonders angesichts der Dichotomie männlich versus weiblich hat der/die Cyborg als Vorlage für Überwindungspostulate zeitgenössischer Genderproblematiken gedient. Haraway sieht im Cyborg das un/an/geeignete Andere, das weder Männliche noch Weibliche und feiert es als Erlösungsfigur, in dem das Ausschöpfen u. a. technologischer Potenziale ein Befreien aus den Zwängen der Gender-Welt versprechen kann. Der/die Cyborg mobilisiert hierin Potenzial, gesellschaftliche Veränderungen nicht nur als destruktiv zu skizzieren, sondern auch als Möglichkeit zu begreifen, um Konzepte jenseits des scheinbar Normalen als Ausweg zu formulieren (vgl. auch Harrasser 2006, S. 21 ff.). Das gerade ist doch das Moment der Synthese von Fiktion und Tatsache im Horizont

„entscheidender politischer Bedeutung[en]" (Haraway [1985] 1995, S. 34). Die Cyborg soll Politik simulieren (und letztlich auch stimulieren) und zwar im Prinzip des *Durchschlagens normativer – und als solche vermeintlich als unhinterfragbar verstandener – Muster.* Dabei ist das informatische Regime bereits im Ansatz zentraler Teil einer Theorie und Ideologie der Cyborg als neuem Körper einer Post-Genderwelt der Informationsverarbeitung (oder auch der Kommunikationstechnologien). „Die entscheidenden Werkzeuge, die unsere Körper auf neue Weise herstellen, sind die Kommunikations- und Biotechnologien" (Haraway [1985] 1995, S. 51). Infolge des informatischen Regimes kann doch jede Komponente, jedes „menschliche Lebewesen in einer Systemarchitektur verortet werden, deren grundlegende Operationsweisen probabilistisch und statistisch sind. Kein Objekt, Raum oder Körper ist mehr heilig und unberührbar. Jede beliebige Komponente kann mit jeder anderen verschaltet werden, wenn eine passende Norm oder *ein passender Kode konstruiert* werden kann, um Signale in einer gemeinsamen Sprache auszutauschen" (Haraway [1985] 1995, S. 50, eigene Hervorhebung); eine Sprache der Informatik letztlich und deren Festlegung auf eine Mathematisierung von Welt und Weltverhältnissen im Bereich computerbasierter Prozessierung. Die *„Übersetzung der Welt in ein Kodierungsproblem"* (Haraway [1985] 1995, S. 51), wenn man so will, in der Folge sich die moderne Biologie einer grundlegenden Umgestaltung verdanke und an dessen Prozessende der Körper (des Menschen) immer wieder und unnachgiebig auf seinen numerischen Code gerechnet wird. „Der entscheidende Schachzug besteht in der Bestimmung der Raten, Richtungen und Wahrscheinlichkeiten des Flusses einer Größe, die als Information bezeichnet wird" (Haraway [1985] 1995, S. 52). Das Moment des Politischen im Cyborg liegt also in der strategischen Auslegung, Nutzung (und vielleicht auch Ausbeutung) von Information als politischem Tool eines neuen kybernetischen Körpers, der genauso destruktiv – bezüglich normativer Muster und ihrer Zerlegung – wie auch und gerade produktiv – als Erlösung aus diesen normativen Musters und Zwängen einer gesellschaftlichen Grundordnung – funktionalisiert wird bzw. werden kann. Wenn man in der Folge das Verwischen der Grenzen genießen und gleichzeitig Verantwortung für die Konstruktion von etwas Neuem tragen soll (vgl. Haraway [1985] 1995, S. 35), synthetisieren sich hier Körperdiskurse um den Cyborg und das Monströse, deren kulturelle Sprengkräfte doch nicht zuletzt in populärkulturellen Interpretationen die produktivsten Energien freilegen. Die Politik des Cyborgs, des kybernetischen Körpers also wird gerade dort – in der Fiktion – virulent. Doch was genau heißt die ‚Simulation' (Haraway) der Politik des technologisch bearbeiteten Körpers durch die textuelle Struktur einer Repräsentation in populärkulturellen Erzählungen (die als Visionen faktischer zu sein scheinen als noch jede Realität das jemals anzuzeigen vermag)? Populärkulturelle Erzählungen wie die fiktionale Fernsehserie sind repräsentative Kulturerzeugnisse, die zu den prägendsten Erscheinungen des alltäglichen Lebens und auch der Wissensressourcen der modernen – wie auch nach-modernen – (wesentlichen) Gesellschaft gehören. Das Fernsehen ist dabei doch „nicht nur als Schreib-, sondern als ein Vorstellungs- und Mitteilungs‚zeug' ganz allgemeiner Art" (Engell und Fahle 2006, S. 11) zu verstehen und insofern gerade hinsichtlich einer „Mitarbeit am Denken" (Engell und Fahle 2006, S. 11) gesellschaftlicher Akteure selbst in unterschiedlichen Zusammenhängen ins Blickfeld zu nehmen. Fernsehen also strukturiert gesellschaftliche Wissensordnungen aktiv mit. In einer etwas handhabbareren Formulierung hat es Mittell in *Television and American Culture* (2010, S. 1–2) wie folgt auf den Punkt gebracht: „Television could be defined as ‚the most powerful and prevalent mass communication medium in America (and the world)'." Dieser Charakterisierung folgt eine Einzelbestandsaufnahme der Rolle und Funktion des Fernsehens entlang von sechs Anhaltspunkten, von denen ich allerdings an dieser Stelle nur einen, den zweiten Punkt, akzentuieren möchte: „Television is part of democracy, informing American citizens and serving the public interest through news and electoral coverage, and governed by public policy decisions and regulations" (Mittell 2010, S. 2). Was bei Mittell noch recht konservativ daher kommt – eine politische Funktion des Fernsehens im Sinne repräsentativer Praktiken wird primär über Nachrichtenformate hergeleitet – möchte ich im Folgenden erweitern um eine generelle Hervorhebung des Zusammenhangs von Politik und Populärkultur einerseits und der spezifischen Betrachtung fiktionaler fernsehserieller Erzählungen andererseits. Wenn insbesondere die Serie als „ein Verfahren [zu benennen ist], das nie gänzlich aufhört, eine Funktion als epistemisches Objekt einzunehmen" (Engell 2009, S. 45) – und zwar gerade im und für das Fernsehen –, zeugt das doch von einer soziokulturellen Tragweite der Fernsehserie, die eine nachhaltige Prägekraft auf gesellschaftliche Ordnungen hat und in diesem Zuge auch ein politisierendes Potenzial aufzuweisen scheint.

In den 1980er Jahren hat James E. Combs (1984, S. 3) den Zusammenhang von *Politics and Popular Culture in America* beschrieben als „popular culture both shapes and reflects our ideas, therefore affecting our perceptions and actions about politics". Diese Ausrichtung bringt wiederum zwei unterschiedliche Akzente innerhalb des wechselseitigen Spannungsfeldes von Politik und Populärkultur mit sich: „[F]olitics *in* popular culture and politics *as* popular culture" (Combs 1984, S. 15). Wie allerdings passt das politisierende Potenzial des kybernetischen Körpers in der Populärkultur anhand der Inszenierung in fiktionalen TV-Serien – mit den hier vorgestellten thematischen Spannweiten – in diese wechselseitige Beziehung? Um diese Frage aufzulösen, sind bei der Analyse der Beziehung von Politik und Populärkultur – um eine Feinabstufung nach Jörg-Uwe Nieland (2009, S. 33) aufzugreifen – drei unterschiedliche Bereiche zu beachten:

1. *Polity*, d. h. die „formale Dimension (also das Normen- und Institutionengefüge)", wodurch „Politik als Rahmen" signifiziert und verstanden wird.
2. *Politics* als die „Prozess[e] und die Konfliktaustragung[en]" im Sinne einer verfahrensgemäßen Dimension, in der Folge „Politik als Prozess" begriffen wird.
3. Und schließlich *Policy* als „inhaltliche Dimension, somit die Be- und Verarbeitung von gesellschaftlichen Problemen", wodurch „Politik als Inhalt" ins Blickfeld der Betrachtung zu rücken ist.

Gemessen an dieser Untergliederung sind TV-Serien in Hinblick auf ihr politisierendes Potenzial unter Voraussetzung der dritten Ebene – der *Policy* – analytisch zu erfassen. Als repräsentative Medienerzählungen wird die Politisierung der audiovisuell erzählten und dargestellten Bestandteile eben auf der Inhaltsebene, der Ebene der textuellen Strukturen manifest. Dabei jedoch geht es mir in meinen Überlegungen nicht so sehr um die Repräsentation von Politik (etwa politischer Akteure) in TV-Serien oder um die politische Indienstnahme von seriellen Erzählungen (etwa im Sinne elaborierter PR-Maßnahmen), sondern um die grundsätzliche Auseinandersetzung mit der audiovisuell-fernsehseriellen Formation des kybernetischen Körpers und die mit den entsprechenden Repräsentationen verschieden hervorgehobenen Tendenzen einer Politisierung als gesellschaftspolitische Aussagen der fiktionalen, populärkulturellen Handlungen und Gestaltungen als solche. Welche positiven wie negativen Aussagen über den kybernetischen Körper *im informatischen Regime* werden durch die kulturelle Bedeutungsproduktion fernsehserieller Texte evoziert?

Populärkulturelle Erzählungen entfalten ein politisierendes Potenzial im Sinne einer Bedeutungsproduktion nur im gesellschaftlichen Kontext, also in der Auseinandersetzung mit bestimmten zeitgenössisch relevanten Fragen und Herausforderungen einer Gesellschaft und deren reflektierender Repräsentation im Rahmen einer (fiktionalen) Erzählung. Dabei sind TV-Serien als Teil eines kollektiven kulturellen Kommunikationsprozesses primär emotional und unterhaltungsbasiert.[3] Populärkultur definiert doch gerade Unterhaltung als ihre „bestimmende Zugangsweise" zu gesellschaftlich relevanten Sachverhalten (Hügel 2003a, S. 16), wobei unterschieden werden kann zwischen „Unterhaltung als Kommunikationsweise, als Funktion der Massenmedien, als soziale Institution und als ästhetische Kategorie" (Hügel 2003b, S. 74). Unterhaltung und Populärkultur werden somit zu einer Komplexbeziehung zusammengeführt, die als kollektiver kommunikativer Prozess unter Berücksichtigung des Zusammenspiels von Rezipient_in, Artefakt, Textqualität, Erwartungshaltung der Zuschauer_innen sowie von Produzent_in und Medium konturiert wird, „ohne daß dabei nur von einer bestimmten Rezeptionshaltung oder Rezeptionswirkung ausgegangen wird" (Hügel 2003b, S. 80). Mit Blick auf die Politisierung des kybernetischen Körpers in der TV-Serien heißt das nun, dass die *unterhaltungsspezifische Ästhetisierung* im Rahmen einer spezifischen Textqualität des fernsehseriellen Artefaktes (TV-Serie) und die dabei produzierte und transportierte Bedeutung (im semiotischen Textgewebe selbst) – die über das Medium Fernsehen als medienkulturelle Form (Williams [1974] 2004) transportiert (oder auch mittlerweile zunehmend abseits des Fernsehprogramms auf DVD und im Netz angeschaut[4]) wird – zuschauer_innenseitig eine gewisse *Haltung zum Thema* hervorruft.

Damit prägen TV-Serien und ihre produzierten Bedeutungen unter Voraussetzungen einer *unterhaltungsspezifischen Ästhetisierung* – und Teil eines kollektiven kulturellen Kommunikationsprozesses – (populäre) Kultur in nachhaltiger Form. Gemeint sind damit die unterschiedlichen Formen und Bedeutungsebenen symbolischer Ordnungen, die damit verknüpften Handlungen und Äußerungen (von verschiedenen Akteuren), in denen sich so etwas wie Selbst-, aber auch Welt- und Menschenbilder, individuelle und kollektive Wahrnehmungsweisen und Mentalitäten nicht nur widerspiegeln, sondern auch (und gerade) konstituieren (vgl. Kleiner 2012, S. 21). Kultur ist so als „eine Interpretationsgemeinschaft" zu

---

[3]Auf ähnliche Weise leiten Marcus S. Kleiner und Mario Anastasiadis (2011, S. 369 ff.) das Zusammenspiel von Politik und Popkultur (bei ihnen am Beispiel des Heavy Metals) her.

[4]Bei den im Rahmen dieses Buches diskutierten Serien handelt es sich bei allen Beispielen um Serien, die noch primär für das Fernsehen (und dessen Programmstrukturen) konzipiert und produziert werden. Deshalb wird das Fernsehen – als medienkulturelle Form (Williams [1974] 2004) – hier noch zentral und konsequent in die Betrachtung eingeschlossen. Angesichts einer ganzen Reihe von aktuellen Serien, die nicht mehr für das Fernsehen hergestellt werden, sondern für die Direktveröffentlichung im Netz vorgesehen sind (etwa auf Netflix, Crackle oder Amazon), ist langfristig die dispositive Primärreferenz des Programmmediums Fernsehen kritisch zu hinterfragen (vgl. hierzu u. a. Kirschbacher und Stollfuß 2015).

verstehen, „deren Aufgabe im fortwährenden Aushandeln und Konstruieren von (instabilen) Bedeutungen, (kontextrelativem) Sinn und (heterogenen) Identitätsangeboten sowie Weltbildern besteht" (Kleiner und Anastasiadis 2011, S. 371). Fernsehserien nun und ihre präsentierten Figuren, erzählten Welten, zentralen Konflikte etc. nehmen unmittelbar und anhaltend Einfluss auf (ihre) Interpretationsgemeinschaften, in dem Seriennarrative unterschiedliche Erklärungsansätze (und womöglich auch Bewältigungsformen) mit Blick wiederum auf verschiedene gesellschaftliche Herausforderungen anbieten, die von Zuschauer_innen unterschiedlich decodiert und angenommen werden können (vgl. hierzu auch u. a. Hall 1980; Fiske und Hartley 1978; Fiske 1988). Bisweilen haben auch bestimmte Serien für ihre (Hardcore-)Fans massiv Anteil an der Beeinflussung und der Ausbildung des individuellen Denkens und Handelns nach den seriell verfertigten Werte- und Normensystemen.[5]

In Hinblick auf die Analysen der Fernsehserien und ihrer jeweils spezifischen Themen im Kontext der Aufarbeitung einer Informatisierung des Körpers innerhalb einer kybernetischen Kultur des Populären ergeben sich somit unterschiedliche politisierende Tendenzen hinsichtlich der fiktional gezeichneten Konsequenzen für den technologisch verarbeiteten (menschlichen) Körper als auch für die damit verbundene gesellschaftliche Ordnung. Der kybernetische Körper in der Populärkultur forciert zwar die Wechselseitigkeit von Mensch und Technologie, entwirft den Menschen dabei jedoch nicht nur als einen ‚spezifischen Fall' von Informationsmaschinen (vgl. auch Pias 2004c), sondern stellt die Verhandelbarkeit einer reziproken Beziehung zwischen Human und Information Agency zur Disposition. Die Konsequenzen der Informatisierung des Körpers als das zentrale Projekt sowohl der Kybernetik wie auch der Genetik werden, wie die Analysen aus den vorherigen Kapiteln gezeigt haben, nirgendwo sonst so deutlich auf den Punkt gebracht wie in populären Medienerzählungen (und zwar neben dem Spielfilm eben besonders auch in der Fernsehserie). Gerade in Zeiten der genetischen,

---

[5]So erklärt beispielsweise John Fiske (1992, S. 30): „Fandom selects from the repertoire of mass-produced and mass-distributed entertainment certain performers, narratives or genres and takes them into the culture of a self-selected fraction of the people. They are then reworked into an intensely pleasurable, intensely signifying popular culture that is both similar to, yet significantly different from, the culture of more ‚normal' popular audiences. Fandom is typically associated with cultural forms that the dominant value system denigrates – pop music, romance novels, comics, Hollywood mass-appeal stars (sport, probably because of its appeal to masculinity, is an exception)." Zum weiteren Verhältnis von Fans zu audiovisuellen Erzählungen (Film und Fernsehen) siehe auch Jenkins 1992, darüber hinaus u. a. Einwächter 2014 und Cuntz-Leng 2015.

biotechnologischen Optimierung und Leistungssteigerung und des seit einigen Jahren wieder florierenden Transhumanismus mit seinen zuweilen ‚wolkigen' Ideen über den verbesserten Menschen – nicht zuletzt in Reaktion auf die neuerliche Krise des modernen Menschen angesichts seiner ‚mangelhaften' Anpassungsfähigkeit an die Herausforderungen im digitalen Zeitalter (zur Diskussion vgl. Stollfuß 2016) – gilt es auch die Fernsehserie bezüglich ihrer spezifisch medialen Qualitäten der Begleitung bzw. der medienkulturellen Prägung von Prozessen alltäglicher Wahrnehmungs- sowie gesellschaftlicher Interpretations- und auch Wissensräume auf ihren „konstitutiven Einfluss" auf „gesellschaftliche ‚Selbstverständigungsdiskurse' und ‚Selbstbeschreibungen'" (Kleiner 2012) zu untersuchen. Das betrifft neben den Optimierungsvisionen bezüglich des Körpers auch die weiterführenden Dimensionen einer demgemäß gesellschaftlichen und biologischen Entwicklungsdynamik – im Sinne der Koevolution von Mensch und moderner Medientechnik – im Regime der Informatisierung (etwa von der kybernetischen Totalüberwachung bis hin zur technowissenschaftlichen Zerlegung des Körpers in seine Informationen). Gerade die nordamerikanische TV-Serie hat sich für die westliche Fernseh- und Medienkultur in ihrer wiederkehrenden Auseinandersetzung mit der kybernetischen und genetischen Bearbeitbarkeit wie auch manipulativen Gestaltbarkeit bzw. Optimierung des Menschen – als auch der damit verbundenen soziokulturellen Gesellschaftsordnung – als Gradmesser der kritischen, kulturellen Selbstbeschreibung ausgezeichnet.

Die „ontologische Unruhe" (Pias 2004c) – das heißt das Aufgeben vermeintlich beständiger kulturhistorischer Vorstellungssysteme über allgemein menschliche Eigenschaften inklusive der damit verbundenen soziokulturellen Konsequenzen für ein gesellschaftliches Selbstverständnis – innerhalb einer informationstheoretischen Denkweise bezüglich einer Grenzüberschreitung und (Netz-)Verschaltung von Mensch und digitaler Technologie führt dabei über hysterische, also vornehmlich angstbesetzte Körper- und Mediendiskurse (vgl. Gunzenhäuser 2006) hinaus in eine politisierende Ver-/Aushandlung der kybernetischen Neugestaltung von Mensch, Kultur und Gesellschaft – hier *in Serie:* Und zwar als das Infrage stellen nicht nur humanistischer Grundannahmen über das zentrale Verhältnis von Mensch zur Welt (vgl. Braidott 2014), sondern auch der soziokulturellen Standards, Normen und Werte sowie der Hierarchien und Machtstrukturen (vgl. Haraway [1985] 1995) im prinzipiellen kritischen Verständnis der Beziehung des Menschen zu seiner Umgebung im Horizont der Informatisierung. In ihrem Buch *Posthumanismus. Leben jenseits des Menschen* schreibt demgemäß Rosi Braidotti (2014, S. 17): „Wir müssen lernen uns selbst anders zu denken. Ich begreife die posthumane Verwicklung als eine Möglichkeit, alternative Denkweisen,

Wissensformen und Selbstbilder zu befördern. Die posthumane Situation zwingt uns, kritisch und kreativ darüber nachzudenken, wer oder was wir im Prozess des Werdens eigentlich sind." Die Informatisierung des Körpers als ein Beschreibungsmodus für die Verschaltung von menschlichem Körper und Informationsverarbeitungstechnologien setzt angesichts der Politisierung des kybernetischen Körpers der Populärkultur doch ebenso an diesem Punkt an. Serielle Erzählungen des Fernsehens – von *The Six Million Dollar Man* bis *Continuum*, von *Dark Angel* über *CSI* bis zu *Orphan Black* –‚zwingen' auch auf kreative und kritische Art vor dem Hintergrund ihrer *unterhaltungsspezifischen Ästhetisierungen* das Verhältnis von Mensch, Körper, Kultur/Gesellschaft und medialer Umgebung (als Informationsenvironment) neu zu denken und sowohl den Prozess des (biologischen wie auch gesellschaftlichen) *Werdens* als auch der (soziokulturellen wie wissenschaftlichen) *Rekonstruktion* des Menschen unter informationstheoretischen Gesichtspunkten zu erfassen. Dabei wird der Informationsdiskurs der Kybernetik, aber auch der Genetik unnachgiebig auf den menschlichen Körper als ‚Trägermedium' rückübersetzt. Denn weder den optimierten Körper der Zukunft, noch den technowissenschaftlichen Körper der Genetik gibt es ohne passende biologische Hardware! Wenn also die genetische und kybernetische Neugestaltung des Körpers durch Informationssysteme den Menschen nicht mehr über seine Biologie und soziokulturelle Verfasstheit definiert, sondern über Codes und die Programmierung von Daten (DNA), interessieren sich populäre Medienerzählungen gerade (auch) für die Fragen auf der Kehrseite der Medaille eines dementsprechenden ‚postgenomischen Wissens'. Was sind denn überhaupt noch die ‚Natur' des Menschen, seine Identität und Sozialität im Kontext (bio-)technologischer Flexibilisierung? Welche Effekte auf eine gesellschaftliche Ordnung hat die computertechnologische Lesbarmachung des Menschen auf Basis des genetischen Codes? Welche neuen gouvernementalen (Bio-)Machtpraktiken löst die ‚Entschlüsselung' des genetischen Codes aus? Welche kapitalistischen und/oder militärischen Verwertungsmaschinerien sind damit verbunden? Wie kontrollierbar sind die Eingriffe in die genetischen Anlagen des Menschen – vor allem durch Menschen? Welche Auswirkungen hat die technowissenschaftliche Rationalisierung des menschlichen Körpers als Code (Gene/Information) auf das Verhältnis von Human Agency und Maschine bzw. Information Agency hinsichtlich einer kulturellen Wissensordnung im Informations- und Netzwerkzeitalter? Und schließlich: Was bedeutet die Informatisierung des Körpers für eine ‚gesellschaftliche Selbstverständigung' und ‚Selbstbeschreibung' im Kontext eines hypernormalen Status des Menschen?

Politisierend also ist der kybernetische Körper der Populärkultur dabei vor allem auf der Ebene der *inhaltlichen Verarbeitung* – der Ebene der *Policy* – und zwar in folgender Hinsicht:

1. Der kybernetische Körper der Populärkultur in der nordamerikanischen TV-Serien ist inhärent politisierend, weil er in Reaktion auf wissenschaftliche und öffentliche Diskussionen über technologische Eingriffe am Menschen die informationstechnologische Re-Interpretation des menschlichen Körpers in medienästhetischer und narrativer Form verarbeitet und explizit Aussagen über die damit verbundenen Konsequenzen über den Status des Menschen in einer entsprechend technologisierten Welt vornimmt.
2. Die TV-Serie nutzt dabei ihre Formen des seriellen Erzählens und genrespezifischen Codierens vor dem Hintergrund einer *unterhaltungsspezifischen Ästhetisierung*, um die Komplexität kybernetischer und genetischer Methoden und Praktiken unmittelbar anschlussfähig für verschiedene Decodierungs- und Aneignungsprozesse von Zuschauerinnen und Zuschauern zu gestalten.
3. In diesem Sinne forciert die nordamerikanische TV-Serie eine konstante gesellschaftliche Auseinandersetzung mit den Visionen der kybernetischen und genetischen Prozessierung, Manipulation und Gestaltbarkeit von Mensch, Kultur sowie gesellschaftlicher Ordnung und unterstützt dadurch nicht zuletzt eine Atmosphäre zur Meinungsbildung.

Fazit 6

Die in dem Buch analysierten Fernsehserien zeigen, dass das Verhältnis von Mensch, Körper, Kultur und Medientechnik aus unterschiedlichen Richtungen taxiert werden kann, es im Kern allerdings stets um die drängende Frage nach einer kybernetischen Evolutionsdynamik in der modernen, informationstechnologisch bestimmten Welt geht. Der Nexus vor allem aus systemischen Informationsverarbeitungsprozessen und dem menschlichen Körper, der mit dem Beschreibungsmodus der Informatisierung des Körpers erfasst und untersucht wurde, hebt ab auf ein politisierendes Potenzial des ‚kybernetischen Körpers' als Erkenntnisprodukt dieser Zusammenfügung im Regime der Informatisierung. Dieses politisierende Potenzial, das sich in nordamerikanischen Fernsehen als repräsentative Kulturerzeugnisse der persistenten Interpretation und Kommentierung der dynamischen Verschränkung von Körper, Kultur und Medientechnik zur Verhandlung aufdrängt, operiert entlang nachstehender Basisaspekte:

1. Eine Technological Culture (auch eine Technoscience) des Informationszeitalters entfaltet sich in den verhandelten Serien gerade nicht als eine durch Medientechnik absolut und restriktiv determinierte, sondern als eine im Prozess kultursymbolischer Wechselseitigkeit von Mensch und Technologie. Der kybernetische Körper avanciert dabei zu einer populärkulturell imaginierten *erkenntnistheoretischen Auslegung* der Beziehungen von Mensch und Informationstechnologien. Die populäre Symbolpolitik des kybernetischen Körpers im Modus des Technomorphen bedeutet hierin die Re-Strukturierung des Organischen im Anorganischen; im Dispositiv der kybernetischen Kultur und des Transhumanen.
2. Dabei gilt es, die positiven wie negativen Elemente im selben medienkulturanalytischen Denkansatz zu berücksichtigen und dabei den Menschen bzw.

menschliche Handlungsmacht nicht zu demontieren, sondern innerhalb einer koevolutionären Entwicklungsdynamik von Mensch und Medien zu stabilisieren. Informationssysteme und menschliche Agency bedingen einander und lassen Produktivkräfte entstehen, die stets auf den Menschen, seine Körperhaftigkeit und seine soziokulturelle Situiertheit rückgebunden sind. Diese Verstrickungen und Doppelbödigkeiten, wie sie auch beispielsweise für das ‚Monströse' als kulturelles Konzept sinnfällig sind, gelten auch für den in diesem Buch diskutierten kybernetischen Körper in Hinblick auf die informatische Transformation des Humanen. Der Körper ist dabei die wesentliche Funktionsstelle, über die sich selbstverständlich Rang und Rolle des menschlichen Körpers selbst angesichts immer neuerer technologischer Entwicklungen verändern, über die jedoch auch die Produktivität und kulturelle Symbolik von informationstechnologischer Evolution stets performativ ausgehandelt wird.

3. Der kybernetische Körper verfestigt ein sich mit ihm abzeichnendes anthroinformatisches Menschenbild innerhalb eines informationstechnologisch organisierten Kulturverständnisses (kybernetischer Provenienz) in Hinblick auf eine soziotechnologische Ordnung von Gesellschaft. In diesem Zusammenhang werden jedoch nicht nur vornehmlich dystopische oder allenfalls hysterische Diskurse über den Menschen im Informationszeitalter befeuert, sondern immer auch Human und Information Agency in reziproken Handlungs- und Informationsverarbeitungsketten innerhalb desselben medienkulturellen Environments hervorgehoben. In dieser wechselseitigen Verbindung der Agency von Mensch und Informationstechnologie wird nicht nur der kulturkritisch oft ‚despotische Anstrich' von moderner Technik konterkariert, sondern auch der Machtanspruch des Menschen als ein veränderlicher analytisch zur Diskussion gestellt.

Bezogen auf die in den vorangegangenen Kapiteln vorgestellten Schwerpunkte und diskutierten Serienbeispiele bedeutet das für ein politisierenden Potenzial des kybernetischen Körpers ein Breitenspektrum, das folgende Teilbereiche hinsichtlich des kulturellen Aushandlungshorizontes innerhalb der diegetischen Verdichtung und narrativen Differenzierung umfasst:

a) *Informatisierung des Körpers:* Die informatische Lesbarmachung des Menschen auf der Basis seines genetischen Codes zur computerbasierten Datenverarbeitung bringt Human Agency und Information Agency substanziell zusammen. Die informatische Manipulation und Optimierung im Sinne der genetischen Programmierung des Menschen zieht allerdings auch eine Reihe essenzieller Fragen nach sich, die überhaupt erst durch die Informatisierung virulent werden. Fragen nach der ‚Natur' bzw. Ontologie des Menschen, seiner Identität und seinem Subjektverständnis im Kontext (bio-)technologischer Flexibilisierung etwa oder auch nach den verschiedenen (zum Beispiel militärischen) Verwertungsformen sowie den damit eng verwobenen Kontrollen von Eingriffen in die genetischen Anlagen des Menschen (durch Menschen). Die US-Serien *Dark Angel* und *The Six Million Dollar Man* setzen sich unter anderem damit auseinander und zeigen nicht nur wohlmeinende Tendenzen auf („We can rebuilt him. We have the technology. We can make him better than he was. Better, stronger, faster"), sondern thematisieren auch die Herausforderungen im Sinne des *trial and error*-Prinzip zwischen dem Umgang mit dysfunktionalen Ergebnissen, der sachlich-nüchternen Katalogisierung und der nachgerade warensignifizierenden Dimension von Menschen, die künstlich ‚hergestellt' werden. Gleichzeitig wird die Informatisierung des Körpers in beiden Serien immer auch mit Blick darauf reflektiert, was spezifische Subjekte (Steve Austin und Max Guevera) als soziokulturell situierte Personen mit eigener Agency aus ihrem Zustand als (Neu-)Erscheinungen infolge computerbasierter Optimierungsprozesse selbst tun und verändern (können). Das ist basal die wechselseitige Beziehung von Human und Information Agency innerhalb konkreter Handlungs- und Informationsverarbeitungsketten desselben sozio-technologischen Environments. Die Reduzierung des Körpers auf seine Datenbasis ist hier also stets eingespannt zwischen einer materialistischen Sicht auf Information (‚Information Agency') und einer Berücksichtigung der soziokulturellen Dynamiken der optimierten Subjekte in Hinblick auf deren Reflexionshorizont im Umgang mit ihrer Hybridität (‚Human Agency').

b) *Kybernetische Kultur des Populären:* Die informatische Lesbarmachung des Menschen akzentuiert ein spezifisches kulturelles (Ordnungs-)Verständnis im Sinne einer computerbasierten Verknüpfung von Human Agency und Information Agency, die ihren Ursprung in der Kybernetik als Wissenschaft und als (dispositive) Kultur hat. Die Kritik nun an einer der kybernetischen Kultur eingeschriebenen Optimierungslogik sowohl der menschlichen Biologie, der Human Agency wie auch ganzer gesellschaftlicher Ordnungssysteme ist den untersuchten Serien unmittelbar inhärent. Fragen nach den Effekten auf eine gesellschaftliche Ordnung durch die computertechnologische Lesbarmachung des Menschen, seinen ‚hypernormalen Status', aber auch durch entsprechende gouvernementale Machtpraktiken werden dabei virulent. Die Serien *Person of Interest* und *Continuum* legen dabei innerhalb ihrer Auseinandersetzung mit einem informatischen Überwachungsregime unterschiedliche Schwerpunkte, die auch die Funktion des kybernetischen Körpers betreffen. Während *Continuum* offensichtlicher mit einer transhumanen Entwicklungsdynamik in

Bezug vorzugsweise auf die Serienprotagonistin (Kiera Cameron) operiert, reflektiert *Person of Interest* neben einem transhumanen Körperkonzept (in Hinblick auf Root) sehr viel stärker die soziotechnologischen Rahmenbedingungen einer Informations- bzw. Kontrollgesellschaft, die hier durch permanente Computerüberwachung charakterisiert ist. *Continuum* zeigt dabei nicht zuletzt die Beständigkeit von menschlicher Agency gegenüber einem Informationsregime. Eine Beständigkeit, die auch Opfer einfordert, um das Gleichgewicht zwischen Mensch und Medientechnik wiederherzustellen. Der kybernetische Körper der Serienprotagonisten ist dabei das erkenntnistheoretische Scharnier, über das die negativen Auswirkungen einer entfesselten Technik (als Folge entfesselter Human Agency) durchkreuzt und durch menschliche Handlungsfähigkeit nivelliert werden. *Person of Interest* verhandelt ebenfalls zunächst nur vordergründig eine Überformung gesellschaftlicher Ordnung durch informationstechnologische Bewachungsmechanismen. Scheinbar als politische Konsequenz nach 9/11 installiert, rivalisieren zwar zwei unabhängige digitale Informationsmaschinen miteinander um die informatische Macht in den Vereinigten Staaten (und letztlich auch der Welt). Doch beide legitimieren sich doch nur vor dem Hintergrund ihrer Synchronisierung mit Human Agency, wobei letztere – mit noch offenem Ende – zwischen einer liberalen und einer diktatorischen Handlungskette hin und her schwankt. So werden vielmehr die Implikationen menschlicher Machtansprüche zur Dispositionen gestellt und über die Informationsmaschinen als ‚Referenzanordnungen' diegetisch reflektiert.

c) *Gene, DNA und Klone:* Die computerbasierte Lesbarmachung des Körpers innerhalb einer kybernetischen Kultur bewirkt sodann auch die Reinterpretation populärkultureller Narrative über Gene und DNA innerhalb des Regimes der Informatisierung. Die Themenbereiche Wissenschaftsdarstellung und Klonerzählungen sind dabei zentral, da ersteres primär die spezifischen Wissensordnungen innerhalb einer Informationsgesellschaft adressiert, während letzteres die Austauschbarkeit von genetischem Code und digitalem Code über die Austauschbarkeit des Menschen selbst (durch s/ein Duplikat) verhandelt. Die Serie *CSI: Crime Scene Investigation* produziert einen Aushandlungsraum für ein technowissenschaftlich imaginäres Modell von (informatischen) Körpern und Wissensordnungen (vgl. Suchman 1999). Dabei entwirft die Serie das Konzept eines kybernetischen Körpers, der nicht nur audiovisuell in seine Kleinteile ästhetisch zerstückelt wird, sondern der gerade auch infolge einer zutiefst gentechnologisch bestimmten Beweisführungsrhetorik die human-technologische Manipulation und Optimierung des Daten-Körpers (zum Zweck der Produktion von Evidenz und Erkenntnis) als

Prämisse einer Wissenschaft in der Informationsgesellschaft festlegt. Die informationstechnologische Verarbeitung von (genetischen) Daten und die Bestätigung von Wissen durch die Evidenz von Information Agency ist dabei allerdings stets auszubalancieren mit Human Agency. Das technowissenschaftliche Paradigma in der diegetischen Verdichtung avanciert nicht zum Selbstzweck von Techno-Wissen, sondern ist stets Sache der wechselseitigen Aushandlung von Human und Information Agency. Das zeigt sich auch für die Serie *Orphan Black* und das Klonmotiv in audiovisuellen Erzählungen. Verhältnismäßig nah am wissenschaftlichen Ansatz des ‚reproduktiven Klonens' orientiert, wird die zumeist destruktive Gegenüberstellung von Original (‚Mensch') und Kopie (‚Klon') ersetzt durch eine fortwährende Aushandlung von Information und Human Agency, die das Selbstverständnis der Klone selbst (als selbstbestimmte Subjekte) betrifft, die innerhalb eines wissenschaftlichen wie militärisch-politischen Verfügungsapparates zu agieren haben und dabei auf ihre eigene Handlungsmacht setzen müssen. Die Informatisierung des Körpers geht hier einher mit einer Selbstreflexion der Klone über ihren kybernetischen Körper als Hybrid aus Human und Information Agency. Mit Blick auf eine entsprechend erweiterte motivanalytische Herangehensweise akzentuiert nun Human Agency primär die soziokulturelle Situiertheit der Klone als individuelle Subjekte, während Information Agency über den computerlesbaren Gencode hinaus auch die systemische Verschränkung mit einem wissenschaftlichen sowie militärischen Verfügungsapparat adressiert. Vor diesem Hintergrund bewegen sich die Klone in *Orphan Black* in einem sowohl technowissenschaftlich imaginären, aber auch soziokulturellen Verhandlungsraum innerhalb der diegetischen Verdichtung und narrativen Differenzierung, wodurch permanent Fragen nach der Subjektkonstitution, der Selbstbestimmtheit, aber auch der Kontrolle (über sich selbst und durch andere) aufgeworfen werden, die doch gerade angesichts der Verschränkung von Human und Information Agency virulent werden.

Diese unterschiedlichen Diskursivierungen sind die Kernstrategien im Verständnis eines politisierenden Potenzials des kybernetischen Körpers in nordamerikanischen Fernsehserien. Im Sinne dieser Diskursivierungsstrategien versteht sich auch die Bezeichnung „Cyborg-TV". Gemeint sind damit die fernsehseriell entworfenen Imaginations- und Aushandlungsräume, in denen die Korrelationen von Mensch/Körper, Kultur und Informationstechnologien Handlungs- und Assoziationsketten entstehen lassen, die Human und Information Agency innerhalb der soziokulturellen Symboliken und motivischen Verarbeitungen populärkultureller Narrative erkenntnistheoretisch verbinden. Nicht die Suppression des Menschen durch Technik (als hysterischer Diskurs) und auch nicht die permanente Vitalisierung des menschlichen

Machtanspruchs (als Reaktion auf hysterische Diskurse) ist die zentrale Betrachtungsachse, sondern das Prozessieren und Differenzierung von Agency zwischen Menschen und (deren Nutzungsweisen von) Informationstechnologien. Das Hinterfragen und Aushandeln von Macht innerhalb des Dispositivs kybernetischer Kultur bleibt dabei ein fragiles Verfahren, das in populärkulturellen Narrationen – gerade der Fernsehserie – *fortlaufend* zur Anschauung gebracht wird.

Literatur

Ärzte Woche. 17/2014. Nanoroboter in Lebewesen getestet. http://www.springermedizin.at/artikel/40275-nanoroboter-in-lebewesen-getestet. Zugegriffen: 10. März 2016.
Agamben, Giorgio. 2004. *Ausnahmezustand*. Frankfurt a. M.: Suhrkamp.
Agar, Nicholas. 2006. Designer Babies. Ethical Considerations. ActionBioscience.org. Online: http://www.actionbioscience.org/biotechnology/agar.html. Zugegriffen: 10. März 2016.
Allen, Michael. 2007. Introduction. This Much I Know… In *Reading CSI. Crime TV Under the Microscope*, hrsg. Michael Allen, 3–14. London: Tauris.
Anderson, Michael und Susan Leigh Anderson (Hrsg.). 2011. *Machine Ethics*. New York: Cambridge University Press.
Anderson, Susan Leigh. 2011. Machine Metaethics. In *Machine Ethics* hrsg. Michael Anderson und Susan Leigh Anderson, 21–27. New York: Cambridge University Press.
Angerer, Marie-Luise und Karin Harrasser (Red.). 2011. Menschen & Andere. Schwerpunktheft *ZfM – Zeitschrift für Medienwissenschaft* 4.
Bachtin, Michail. 1985. *Literatur und Karneval. Zur Romantheorie und Lachkultur*. Frankfurt a. M.: Ullstein.
Bahnsen, Ulrich und Martin Spiewak. 2013. Kopie aus dem Labor. *Zeit*. http://www.zeit.de/2013/21/klonen-mensch-durchbruch/komplettansicht. Zugegriffen: 10. März 2016.
Barsch, Achim und Peter M. Hejl. 2000. Zur Verweltlichung und Pluralisierung des Menschenbildes im 19. Jahrhundert. In *Menschenbilder. Zur Pluralisierung der Vorstellungen der menschlichen Natur (1850–1914)*, hrsg. Achim Barsch und Peter M. Hejl, 7–90. Frankfurt a. M.: Suhrkamp.
Bense, Max. [1951] 2000. Kybernetik oder Die Metatechnik einer Maschine. In *Kursbuch Medienkultur. Die maßgeblichen Theorien von Brecht bis Baudrillard*, hrsg. Claus Pias et al., 472–483. 2. Aufl. Stuttgart: DVA.
Bertaux, Pierre. 1963. *Maschine, Denkmaschine, Staatsmaschine. Entwicklungstendenzen der modernen Industriegesellschaft*. Hamburg: Decker.
Beuth, Patrick. 2013. Der Hacker, der die Biologie überwinden will. *Zeit*. http://www.zeit.de/digital/internet/2013-10/biohacker-tim-cannon-quantified-self. Zugegriffen: 10. März 2016.
Bolz, Norbert. 1994. Computer als Medium. In *Computer als Medium*. hrsg. Norbert Bolz et al., 9–16. München: Fink.

Boon, Timothy. 2008. *Films of Fact. A History of Science in Documentary Films and Television*. London: Wallflower Press.
Borck, Cornelius. 1996. Anatomien medizinischer Erkenntnis. Der Aktionsradius der Medizin zwischen Vermittlungskrise und Biopolitik. In *Anatomien medizinischen Wissens. Medizin, Macht, Moleküle*, hrsg. Cornelius Borck, 9–52. Frankfurt a. M.: Fischer.
Bostrom, Nick. 2003. Human Genetic Enhancements. A Transhumanist Perspective. *Journal of Value Inquiry* 37/4, 493–506 (Onlinefassung verfügbar unter http://www.nickbostrom.com/ethics/genetic.pdf. Zugegriffen: 10. März 2016).
Bostrom, Nick. 2005a. Transhumanist Values. *Review of Contemporary Philosophy* 4, 87–101 (Onlinefassung verfügbar unter http://www.nickbostrom.com/ethics/values.pdf. Zugegriffen: 10. März 2016).
Bostrom, Nick. 2005b. Human Reproductive Cloning from the Perspective of the Future. http://www.nickbostrom.com/views/cloning.html. Zugegriffen: 10. März 2016.
Bostrom, Nick. 2008. Why I Want to be a Posthuman When I Grow Up. In *Medical Enhancement and Posthumanity*, hrsg. Bert Gordijn und Ruth Chadwick, 107–137. New York: Springer (Onlinefassung verfügbar unter http://www.nickbostrom.com/posthuman.pdf. Zugegriffen: 10. März 2016).
Braidotti, Rosi. 2014. *Posthumanismus. Leben jenseits des Menschen*. Frankfurt a. M.: Campus.
Bredekamp, Horst et al. 2003. Bildwelten des Wissens. In *Bilder in Prozessen*, hrsg. Horst Bredekamp, Gabriele Werner, 9–20. Berlin: Akademie.
Bredekamp, Horst et al. 2008. Editorial. Das Technische Bild. In *Das Technische Bild. Kompendium zu einer Stilgeschichte wissenschaftlicher Bilder*, hrsg. Horst Bredekamp et al., 8–11. Berlin: Akademie.
Brooks, Rodney. 2005. *Menschmaschinen. Wie uns die Zukunftstechnologien neu erschaffen*. Frankfurt a. M.: Fischer.
Brunsdon, Charlotte. 1990. Problems with Quality. *Screen* 31/1, 67–90.
Caldwell, John Thornton. 1995. *Televisuality. Style, Crisis, and Authority in American Television*. New Brunswick: Rutgers University Press.
Casper, Monica J. 1998. *The Making of the Unborn Patient. A Social Anatomy of Fetal Surgery*. New Brunswick, NJ: Rutgers University Press.
Castells, Manuel. 2005. The Network Society. From Knowledge to Policy. In *The Network Society. From Knowledge to Policy*, hrsg. Manuel Castells und Gustavo Cardoso, 3–21. Washington, DC: Johns Hopkins Center for Transatlantic Relations.
Castells, Manuel. 2010. *The Rise of the Network Society*. Malden: Wiley-Blackwell.
Clark, Andy. 2008. *Supersizing the Mind. Embodiment, Action, and Cognitive Extension*. Oxford: Oxford University Press.
Clynes, Manfred E. und Nathan S. Kline. 1960. Cyborgs and space. *Astronautics* 9, 26–27/74–76.
Combs, James. 1984. *Polpop. Politics and Popular Culture in America*. Bowling Green, Ohio: Bowling Green University Popular Press.
Coy, Wolfgang. 2002. Bilder im Zeitalter ihrer technischen Produzierbarkeit. In *Mimetische Differenzen. Der Spielraum der Medien zwischen Abbildung und Nachbildung*, hrsg. Sabine Flach und Georg Christoph Tholen, 165–179. Kassel: Kassel University Press.

Cuntz, Michael. 2007. "Tell me what you don't like about yourself". Hypernormalisierung und Destabilisierung der Normalität in der US-Fernsehserie nip/tuck. *KultuRRevolution. Zeitschrift für angewandte Diskurstheorie* 53/2, 68–79.

Cuntz-Leng, Vera. 2015. *Harry Potter que(e)r. Eine Filmsaga im Spannungsfeld von Queer Reading, Slash-Fandom und Fantasyfilmgenre.* Bielefeld: transcript.

Daston, Lorraine und Peter Galison. 1992. The Image of Objectivity. *Representations* 40, 81–128.

Daum, Andreas W. 1998.*Wissenschaftspopularisierung im 19. Jahrhundert. Bürgerliche Kultur, naturwissenschaftliche Bildung und die deutsche Öffentlichkeit, 1848–1914.* München: R. Oldenbourg.

Deleuze, Gilles. [1990] 1993. Postskriptum über die Kontrollgesellschaften. In *Unterhandlungen 1972–1990*, 254–262. Frankfurt a. M.: Suhrkamp.

Diedrich, K. et al. 2012. Präimplantationsdiagnostik. Indikatoren und erste Erfahrungen. *Der Gynäkologe* 45, 41–46.

Duden, Barbara. 2002. Zwischen ‚wahrem Wissen' und Prothetic. Konzeptionen des Ungeborenen. In *Geschichte des Ungeborenen. Zur Erfahrungs- und Wissenschaftsgeschichte der Schwangerschaft, 17.–20. Jahrhundert*, hrsg. Barbara Duden et al., 11–48. Göttingen: Vandenhoeck & Ruprecht.

Eder, Jens. 2011. DNA und Gene. In *Motive des Films. Ein kasuistischer Fischzug*, hrsg. Christine N. Brinckmann et al., 120–127. Marburg: Schüren.

Eder, Jens, Joseph Imorde und Maike Sarah Reinerth. 2013. Zur Einleitung. Medialität und Menschenbild. In *Medialität und Menschenbild*, hrsg. Jens Eder, Joseph Imorde, und Maike Sarah Reinerth, 1–42. Berlin: DeGruyter.

Einwächter, Sophie G. 2014. Transformationen von Fankultur. Organisatorische und Ökonomische Konsequenzen globaler Vernetzung. Dissertation. Johann Wolfgang Goethe University, Frankfurt a. M. http://publikationen.ub.uni-frankfurt.de/files/36146/Onlineversion_Einwaechter_TransformationenVonFankultur.pdf. Zugegriffen: 10. März 2016.

Engell, Lorenz. 2009. Fernsehen mit Unbekannten. Überlegungen zur experimentellen Television. In *Fernsehexperimente. Stationen eines Mediums*, hrsg. Michael Grisko und Stefan Münker, 15–45. Berlin: Kadmos.

Fahle, Oliver und Lorenz Engell. 2006. Philosophie des Fernsehens. Zur Einführung. In *Philosophie des Fernsehens*, hrsg. Oliver Fahle und Lorenz Engell, 7–19. München: Fink.

Ferrando, Francesca. 2013. Posthumanism, Transhumanism, Antihumanism, Metahumanism, and New Materialisms. Differences and Relations. *Existenz* 8/2, 26–32.

Ferrando, Francesca. 2014. The Body. In *Post- and Transhumanism. An Introduction*, hrsg. Robert Ranisch und Stefan Lorenz Sorgner, 213–225. Frankfurt a. M.: Peter Lang.

Fiske, John. 1988. *Television Culture*. Repr. London: Routledge.

Fiske, John. 1992. The Cultural Economy of Fandom. In *The Adoring Audience. Fan Culture and Popular Media*, hrsg. Lisa A. Lewis, 30–49. London: Routledge.

Fiske, John und John Hartley. 1978. *Reading Television*. London: Methuen.

Foucault, Michel. 1971. *Die Ordnung der Dinge. Eine Archäologie der Humanwissenschaften*. Frankfurt a. M.: Suhrkamp.

Galloway, Alexander und Eugene Thacker. 2007. *The Exploit. A Theory of Networks*. Minneapolis: University of Minnesota Press.

Galloway, Alexander. 2011. Black Box, Schwarzer Block. In *Die technologische Bedingung. Beiträge zur Beschreibung der technischen Welt*, hrsg. Erich Hörl, 267–280. Berlin: Suhrkamp.
Gebhard, Gunther et al. 2009. Einleitung. In *Von Monstern und Menschen. Begegnungen der anderen Art in kulturwissenschaftlicher Perspektive*, hrsg. Gunther Gebhard et al., 9–30. Bielefeld: transcript.
Gehlen, Arnold. 1950. *Der Mensch. Seine Natur und seine Stellung in der Welt*. 4., verb. Aufl. Bonn: Athenäum.
Geisenhanslüke, Achim und Georg Mein (Hrsg.). 2009. *Monströse Ordnungen. Zur Typologie und Ästhetik des Anormalen*. Bielefeld: transcript.
Gever, Martha. 2005. The Spectacle of Crime, Digitized. CSI: Crime Scene Investigation and Social Anatomy. *European Journal of Cultural Studies* 8/4, 445–463.
Gibson, Daniel G. et al. 2010. Creation of a Bacterial Cell Controlled by a Chemically Synthesized Genome. *Science* 329, 52–56.
Gugerli, David. 2002. Der fliegende Chirurg. Kontexte, Problemlagen und Vorbilder der virtuellen Endoskopie. In *Ganz normale Bilder. Historische Beiträge zur visuellen Herstellung von Selbstverständlichkeit*, hrsg. David Gugerli und Barbara Orland, 251–270. Zürich: Chronos.
Gunzenhäuser, Randi. 2006. *Automaten – Roboter – Cyborgs. Körperkonzepte im Wandel*. Trier: WVT.
Hagner, Michael. 2008. Vom Aufstieg und Fall der Kybernetik als Universalwissenschaft. In *Die Transformation des Humanen. Beiträge zur Kulturgeschichte der Kybernetik*, hrsg. Michael Hagner und Erich Hörl, 38–71. Frankfurt a. M.: Suhrkamp.
Hagner, Michael und Erich Hörl (Hrsg.). 2008a. *Die Transformation des Humanen. Beiträge zur Kulturgeschichte der Kybernetik*. Frankfurt a. M.: Suhrkamp.
Hagner, Michael und Erich Hörl. 2008b. Überlegungen zur kybernetischen Transformation des Humanen. In: *Die Transformation des Humanen. Beiträge zur Kulturgeschichte der Kybernetik*, hrsg. Michael Hagner und Erich Hörl, 7–37. Frankfurt a. M.: Suhrkamp.
Hall, Stuart. 1980. Encoding/decoding. In *Culture, Media, Language. Working Papers in Cultural Studies; 1972 – 79*. hrsg. Stuart Hall et al., 128–138. London: Hutchinson.
Hansen, Mark B. N. 2011. Medien des 21. Jahrhunderts, technisches Empfinden und unsere originäre Umweltbedingung. In *Die technologische Bedingung. Beiträge zur Beschreibung der technischen Welt*, hrsg. Erich Hörl, 365–409. Berlin: Suhrkamp.
Haraway, Donna. [1985] 1995. Ein Manifest für Cyborgs. Feminismus im Streit mit den Technowissenschaften. In *Die Neuerfindung der Natur. Primaten, Cyborgs und Frauen*, 33–72. Frankfurt a. M.: Campus.
Haraway, Donna. 1995. *Monströse Versprechen. Coyote-Geschichten zu Feminismus und Technowissenschaft*. Hamburg: Argument.
Haraway, Donna. 1996. Anspruchsloser Zeuge@Zweites Jahrtausend. FrauMann@trifftOncoMouse™. Leviathan und die vier Jots: Die Tatsachen verdrehen. In *Vermittelte Weiblichkeit. Feministische Wissenschafts- und Gesellschaftstheorie*, hrsg. Elvira Scheich, 347–389. Hamburg: Hamburger Edition HIS.
Haraway, Donna. 1997. The Virtual Speculum in the New World Order. *Feminist Review* 55, 22–72.
Harrasser, Karin. 2006. Erzählpolitik jenseits des Bildersturms, diesseits einer Post-Gender-Welt. In *(Post-)Gender. Choreographien/Schnitte*, hrsg. Walburga Hülk et al., 15–31. Bielefeld: transcript.

Harris, John. 1997. „Goodbye Dolly?" The Ethics of Human Cloning. *Journal of Medical Ethics* 23, 353–360.
Harris, John. 2004. *On Cloning* London: Routledge.
Harris, John. 2007. *Enhancing Evolution.* Princeton, NJ: Princeton University Press.
Hayles, N. Katherine. 1999. *How We Became Posthuman. Virtual Bodies in Cybernetics, Literature, and Informatics.* Chicago, Ill.: University of Chicago Press.
Hayles, N. Katherine. 2011a. H-. Wrestling with Transhumanism. http://www.metanexus.net/essay/h-wrestling-transhumanism. Zugegriffen: 10. März 2016.
Hayles, N. Katherine. 2011b. Komplexe Zeitstrukturen lebender und technischer Wesen. In *Die technologische Bedingung. Beiträge zur Beschreibung der technischen Welt*, hrsg. Erich Hörl, 193–228. Berlin: Suhrkamp.
Hayles, N. Katherine. 2012. *How We Think. Digital Media and Contemporary Technogenesis.* Chicago: The University of Chicago Press.
Haynes, Roslynn. 1994. *From Faust to Strangelove. Representations of the Scientist in Western Literature.* Baltimore: Johns Hopkins University Press.
Haynes, Roslynn. 2003. From Alchemy to Artificial Intelligence. Stereotypes of the Scientist in Western Literature. *Public Understanding of Science* 12, 243–253.
Haynes, Roslynn. 2014. Whatever Happened to the ‚Mad, Bad' Scientist? Overturning the Stereotype. *Public Understanding of Science.* DOI: 10.1177/0963662514535689.
Hehr, A. et al. 2011. Präimplantationsdiagnostik für monogen vererbte Erkrankungen. *Medizinische Genetik* 23, 469–478.
Hirsch, Sven. 2009. Holographie als messtechnisches Verfahren in der Medizin. In *Das holographische Wissen*, hrsg. Stefan Rieger und Jens Schröter, 59–75. Zürich: Diaphanes.
Hoppenstedt, Max. 2013. The DIY Cyborg. *Motherbord.* http://motherboard.vice.com/blog/the-diy-cyborg. Zugegriffen: 10. März 2016.
Hügel, Hans-Otto. 2003a. Einführung. In *Handbuch Populärer Kultur. Begriffe, Theorien und Diskussionen*, hrsg. Hans-Otto Hügel, 1–22. Stuttgart: Metzler.
Hügel, Hans-Otto. 2003b. Unterhaltung. In *Handbuch Populärer Kultur. Begriffe, Theorien und Diskussionen*, hrsg. Hans-Otto Hügel, 73–82. Stuttgart: Metzler.
Hughes, James. 1997. Klonen als Indiz für eine Jahrtausendangst. *Telepolis.* http://www.heise.de/tp/artikel/2/2117/1.html. Zugegriffen: 10. März 2016.
Hughes, James. 2004. *Citizen Cyborg. Why Democratic Societies Must Respond to the Redesigned Human of the Future.* Boulder, CO: Basic Books.
Jahraus, Oliver und Stefan Neuhaus (Hrsg.). 2005. *Der fantastische Film. Geschichte und Funktion in der Mediengesellschaft.* Würzburg: Königshausen & Neumann.
Jenkins, Henry. 1992. *Textual Poachers. Television Fans & Participatory Culture.* New York: Routledge.
Joy, Bill. 2007. Whythe Future Doesn't Need Us. In *Nanoethics. The Ethical and Social Implications of Nanotechnology*, hrsg. Fritz Allhoff et al., 17–39. Hoboken: John Wiley & Sons.
Junge, Torsten und Dörthe Ohlhoff (Hrsg.). 2004. *Wahnsinnig genial. Der Mad Scientist Reader.* Aschaffenburg: Alibri.
Kirschbacher, Felix und Sven Stollfuß. 2015. Von der TV- zur AV-Serie. Produktions-, Distributions- und Rezeptionsformen aktueller Serien. *Merz. Medien + Erziehung. Zeitschrift für Medienpädagogik* (Themenheft „smart fernsehen"), 21–28.

Kittler, Friedrich. 1986. *Grammophon, Film, Typewriter*. Berlin: Brinkmann und Bose.
Kittler, Friedrich. 1993. *Draculas Vermächtnis. Technische Schriften*. Leipzig: Reclam.
Kittler, Friedrich. [1986] 2014. No Such Agency. taz. http://www.taz.de/!5050644/. Zugegriffen: 10. März 2016.
Kleiner, Marcus S. 2008. Pop fight Pop. Leben und Theorie im Widerstreit. In *Pop in R(h)einkultur. Oberflächenästhetik und Alltagskultur in der Region*, hrsg. Dirk Matejocski et al., 11–42. Essen: Klartext.
Kleiner, Marcus S. 2012. Einleitung. Die Methodendebatte als blinder Fleck in der Populär- und Popkulturforschung. In *Methoden der Populärkulturforschung. Interdisziplinäre Perspektiven auf Film, Fernsehen, Musik, Internet und Computerspiele*, hrsg. Marcus S. Kleiner und Michael Rappe, 11–42. Münster: Lit.
Kleiner, Marcus S. 2015. Frontierland! Spekulative Grenzerfahrungen, Grenzziehungen und Grenzüberschreitungen in der US-amerikanischen Mystery-Serie *Supernatural*. In *Pop & Mystery. Spekulative Erkenntnisprozesse in Populärkulturen*, hrsg. Marcus S. Kleiner und Thomas Wilke, 85–131. Bielefeld: transcript.
Kleiner, Marcus S. und Mario Anastasiadis. 2011. Politik der Härte. Bausteine einer Popkulturgeschichte des politischen Heavy Metal. In *Metal Matters. Heavy Metal als Kultur und Welt*, hrsg. Rolf Nohr und Herbert Schwaab, 393–410. Münster: Lit.
Knorr Cetina, Karin. 1984. *Die Fabrikation von Erkenntnis. Zur Anthropologie der Naturwissenschaft*. Frankfurt a. M.: Suhrkamp.
Koch, Lars. 2014. „Real Humans". Überbietung des Menschen. *POP. Kultur und Kritik* 5, 24–34.
Koene, Randal A. 2011. Achieving Substrate-Independent Minds. No, We Cannot ‚Copy' Brains. Kurzweil AcceleratingIntelligence. http://www.kurzweilai.net/achieving-substrate-independent-minds-no-we-cannot-copy-brains. Zugegriffen: 10. März 2016.
Krause, Marcus und Nicolas Pethes (Hrsg.). 2007. *Mr. Münsterberg und Dr. Hyde. Zur Filmgeschichte des Menschenexperiments*. Bielefeld: transcript.
Kreimeier, Klaus. 2000. Vom Vampir zum Vamp. Zur Vorgeschichte eines Kino-Mythos. In *Künstliche Menschen. Manische Maschinen, kontrollierte Körper*, hrsg. Rolf Aurich et al., 89–108. Berlin: Jovis.
Kruse, Corinna. 2010a. Incorporating Machines into Laboratory Work. Concepts of Humanness and Machineness. In *Technology and Medical Practice. Blood, Guts and Machines*, hrsg. Ericka Johnson und Boel Berner, 161–178. London:Ashgate.
Kruse, Corinna. 2010b. Producing Absolute Truth. CSI Science as Wishful Thinking. *American Anthropologist* 112/1, 79–91.
Kurzweil, Ray. 2002. Verschmelzen von Mensch und Maschine. In *Texte zur Medientheorie*, hrsg. Günter Helmes und Werner Köster, 338–346. Stuttgart: Reclam.
Kurzweil, Ray. 2005. *The Singularity Is Near. When Humans Transcend Biology*. New York: Penguin.
Kurzweil, Ray. 2012. *How to Create a Mind. The Secret of Human Thought Revealed*. New York: Viking.
Latour, Bruno. 1995. *Wir sind nie modern gewesen. Versuch einer symmetrischen Anthropologie*. Berlin: Akademie.
Lemonick, Michael D. 1999. Designer Babies. *TIME* 153/1, 11. Januar (Themenheft: The Future of Medicine: How Genetic Engineering Will Change Us In The Next Century), 64–67.

Lepht Anonym. 2011. Cybernetics for the Masses. https://www.youtube.com/watch?v=a-Dv6dDtdcs, https://www.youtube.com/watch?v=7RV_6Axb80g, https://www.youtube.com/watch?v=L5n2aJeAGyM. Zugegriffen: 10. März 2016.

Lévi-Strauss, Claude. 1967. Die Mathematik vom Menschen. *Kursbuch* 8, 176–188.

Link, Jürgen. 1997. *Versuch über den Normalismus. Wie Normalität produziert wird*. Opladen: Westdeutscher Verlag.

Lösch, Andreas. 2006. Antizipationen nanotechnischer Zukünfte. Visionäre Bilder als Kommunikationsmedien. In *Nanotechnologien im Kontext. Philosophische, ethische und gesellschaftliche Perspektiven*, hrsg. Alfred Nordmann et al., 223–242. Berlin: Akademie.

Lösch, Andreas. 2010. Visionäre Bilder und die Konstitution der Zukunft der Nanotechnologie. In *Technologisierung gesellscnaftlicher Zukünfte. Nanotechnologie in wissenschaftlicher, politischer und öffentlicher Praxis*, hrsg. Petra Lucht et al., 129–146. Freiburg: Centaurus.

Lossau, Norbert und Shari Langemak. 2013. Forscher klonen erstmals menschliches Leben. *Die Welt*. http://www.welt.de/gesundheit/article116231480/Fcrscher-klonen-erstmals-menschliches-Leben.html. Zugegriffen: 10. März 2016.

Lucht, Petra, Martina Erlemann und Esther Ruiz Ben (Hrsg.). 2010. *Technologisierung gesellschaftlicher Zukünfte. Nanotechnologien in wissenschaftlicher, politischer und öffentlicher Praxis*. Freiburg: Centaurus.

Macho, Thomas. 2008. Angst vorm Doppelgänger. *Zeit*. http://www.zeit.de/2008/06/Kuenstliches-Leben/komplettansicht. Zugegriffen: 10. März 2016.

Mainzer, Klaus. 2010. *Leben als Maschine? Von der Systembiologie zur Robotik und Künstlichen Intelligenz*. Paderborn: mentis.

Maio, Giovanni. 2006. Cloning in the Media and Popular Culture. *EMBO reports* 7/3, 241–245.

Missomelius, Petra. 2010. Mediale Visionen des postbiologischen Körpers. In *Körperhandeln und Körpererleben. Multidisziplinäre Perspektiven auf ein brisantes Feld*, hrsg. Anke Abraham und Beatrice Müller. 67–87. Bielefeld: transcript.

Missomelius, Petra. 2016. Das digitale Selbst. Data Doubles der Selbstvermessung. In *Lifelogging. Interdisziplinäre Zugänge zum Phänomen digitaler Selbstvermessung und Lebensprotokollierung*, hrsg. Stefan Selke, (im Druck). Wiesbaden: VS.

Mittell, Jason. 2010. *Television and American Culture*. New York: Oxford University Press.

Mittell, Jason. 2015. *Complex TV. The Poetics of Contemporary Television*. New York: New York University Press.

Morales, Nestor Micheli. 2009. Psychological and Ideological Aspects of Human Cloning. A Transition to a Transhumanist Psychology. *Journal of Evolution and Technology* 20/2, 19–42.

Moravec, Hans. 1990. *Mind Children. Der Wettlauf zwischen menschlicher und künstlicher Intelligenz*. Hamburg: Hoffmann und Campe.

Moravec, Hans. 1999. *Computer übernehmen die Macht. Vom Siegeszug der künstlichen Intelligenz*. Hamburg: Hoffmann und Campe.

More, Max. 1993. Technological Self-Transformation. Expanding Personal Extropy. http://www.maxmore.com/selftrns.htm. Zugegriffen: 10. März 2016.

More, Max. 2013. The Philosophy of Transhumanism. In *The Transhumanist Reader. Classical and Contemporary Essays on the Science, Technology, and Philosophy of the Human Future*, hrsg. Max More und Natasha Vita-More, 3–17. Chichester: Wiley-Blackwell.

Müller, Martin. 2012. Zur Tiefengrammatik des „Lebendigen". Eine kritische Einführung zu Eugene Thackers Biomedien. *Medienimpulse* 2. http://www.medienimpulse.at/articles/view/431. Zugegriffen: 10. März 2016.

Nelson, Robin. 2006. ‚Quality Television'.‚The Sopranos is the best television drama ever…in my humble opinion…'. *Critical Studies in Television* 1/1, 58–71.

Nerlich, Brigitte et al. 2001. Fictions, Fantasies, and Fears. The Literary Foundations of the Cloning Debate. *Journal of Literary Semantics* 30, 37–52.

Newman, Michael Z. 2006. From Beats to Arcs. Toward a Poetics of Television Narrative. *The Velvet Light Trap* 58, 16–28.

Nieland, Jörg-Uwe. 2009. *Pop und Politik. Politische Popkultur und Kulturpolitik in der Mediengesellschaft*. Köln: Herbert von Halem.

Ochsner, Beate. 2008. Zwischen Intermedialität und Hybridisierung oder: kalkulierte Freiheit. *MEDIENwissenschaft* 4, 378–387.

Pansegrau, Petra. 2009. Zwischen Fakt und Fiktion. Stereotypen von Wissenschaftlern in Spielfilmen. In *Frosch und Frankenstein. Bilder als Medium der Popularisierung von Wissenschaft*, hrsg. Bernd Hüppauf und Peter Weingart, 373–386. Bielefeld: transcript.

Pias, Claus (Hrsg). 2003. *Cybernetics – Kybernetik. The Macy-Conferences 1946–1953. Bd. 1: Transactions/Protokolle*. Zürich:Diaphanes.

Pias, Claus (Hrsg). 2004a. *Cybernetics – Kybernetik. The Macy-Conferences 1946–1953. Bd. 2: Essays & Documents/Essays & Dokumente*. Zürich: Diaphanes.

Pias, Claus. 2004b. Zeit der Kybernetik. Eine Einstimmung. In *Cybernetics – Kybernetik. The Macy-Conferences 1946–1953. Bd. 2: Essays & Documents/Essays & Dokumente*, hrsg. Claus Pias, 9–41. Zürich: Diaphanes.

Pias, Claus. 2004c. Unruhe und Steuerung. Zum utopischen Potential der Kybernetik. In *Die Unruhe der Kultur. Potentiale des Utopischen*, hrsg. Jörn Rüsen et al., 301–326. Weilerswist: Velbrück Wissenschaft.

Pias, Claus. 2005. Vorwort. In *Zukünfte des Computers*, hrsg. Claus Pias, 7–13. Zürich: Diaphanes.

Rajan, Kaushik Sunder. 2009. *Biokapitalismus. Werte im postgenomischen Zeitalter*. Frankfurt a. M.: Suhrkamp.

Rammert, Werner. 2003. Technik in Aktion. Verteiltes Handeln in soziotechnischen Konstellationen. In *Autonome Maschinen*, hrsg. Thomas Christaller und Josef Wehner, 289–315. Opladen: Westdeutscher Verlag.

Rammert, Werner. 2007. *Technik – Handeln – Wissen. Zu einer pragmatischen Technik- und Sozialtheorie*. Wiesbaden: VS.

Ranisch, Robert und Stefan Lorenz Sorgner (Hrsg.). 2014. *Post- and Transhumanism. An Introduction*. Frankfurt a. M.: Peter Lang.

Reynolds, Tom. 2000. Pricing Human Genes: The Patent Rush Pushes On. *Journal of the National Cancer Institute* 92/2, 96–97.

Rheinberger, Hans-Jörg. 2009. Sichtbar Machen. Visualisierungen in den Naturwissenschaften. In *Bildtheorien. Anthropologische und kulturelle Grundlagen des Visualistic Turn*, hrsg. Klaus Sachs-Hombach, 127–145. Frankfurt a. M.: Suhrkamp.

Rieger, Stefan. 2000. *Die Individualität der Medien. Eine Geschichte der Wissenschaften vom Menschen*. Frankfurt a. M.: Suhrkamp.

Rieger, Stefan. 2003. *Kybernetische Anthropologie. Eine Geschichte der Virtualität*. Frankfurt a. M.: Suhrkamp.

Rosa, Hartmut. 2005. *Beschleunigung. Die Veränderung der Zeitstrukturen in der Moderne*. Frankfurt a. M.: Suhrkamp.

Rosa, Hartmut. 2011. Entfremdung in der Spätmoderne. Umrisse einer Kritischen Theorie der sozialen Beschleunigung. In *Nachrichten aus den Innenwelten des Kapitalismus. Zur Transformation moderner Subjektivität*, hrsg. Cornelia Koppetsch, 211–252. Wiesbaden: VS.

Rothemund, Kathrin. 2013. *Komplexe Welten. Narrative Strategien in US-amerikanischen Fernsehserien*. Berlin: Bertz + Fischer.

Sample, Ian. 2010. Craig Venter Creates Synthetic Life Form. *The Guardian*. http://www.theguardian.com/science/2010/may/20/craig-venter-synthetic-life-form. Zugegriffen: 10. März 2016.

Savulescu, Julian. 2001. Procreative Beneficence. Why We Should Select The Best Children. *Bioethics* 5&6/15, 413–426.

Sentker, Andreas. 2013. Frankensteins Traum wird wahr. *Zeit*. http://www.zeit.de/2013/21/wissenschaft-klonen-mensch/komplettansicht. Zugegriffen: 10. März 2015.

Schmidt-Gernig, Alexander. 2005. Europa als Kontinent der Zukunft. Pierre Bertaux und die Zeitdiagnostik der 1960er Jahre. In *Europa und die Europäer. Quellen und Essays zur modernen europäischen Geschichte*, hrsg. Rüdiger Hohls et al., 299–304. Stuttgart: Steiner.

Schneider, Irmela. 2000. Anthropologische Kränkungen. Zum Zusammenhang von Medialität und Körperlichkeit in Mediendiskursen. In *Was vom Körper übrig bleibt. Körperlichkeit – Identität – Medien*, hrsg. Barbara Becker und Irmela Schneider, 13–39. Frankfurt a. M.: Campus.

Schwarz, Angela. 1999. *Der Schlüssel zur modernen Welt. Wissenschaftspopularisierung in Großbritannien und Deutschland im Übergang zur Moderne (ca. 1870–1914)*. Stuttgart: F. Steiner.

Shannon, Claude E. [1948] 2001. A Mathematical Theory of Communication. *Mobile Computing and Communication Review* 5/1, 3–55.

Siegert, Bernhard. 1993. *Relais. Geschicke der Literatur als Epoche der Post 1751–1913*. Berlin: Brinkmann und Bose.

Smith, Anthony N. 2011. TV or Not TV? The Sopranos and Contemporary Episode Architecture in US Network and Premium Cable Drama. *Critical Studies in Television* 6/1, 36–51.

Spigel, Lynn. 2004. Entertainment Wars. Television Culture after 9/11. *American Quarterly* 56/2, 235–270.

Stacey, Jackie. 2010. *The Cinematic Life of the Gene*. Durham: Duke University Press.

Stollfuß, Sven. 2012. „Always Already New"!? American Quality Television und Fernsehtheorie. Ein Baustellenbericht. In *Im Bild bleiben. Perspektiven für eine moderne Medienwissenschaft*, hrsg. Sven Stollfuß und Monika Weiß, 89–112. Darmstadt: Büchner.

Stollfuß, Sven. 2013. Menschmaschinen und die Ränder des Monströsen. Entwürfe postbiologischer Körper in Wissenschaft, Medienkunst und Populärkultur. In *Medialität und Menschenbild*, hrsg. Jens Eder, Joseph Imorde, und Maike Sarah Reinerth, 283–300. Berlin: DeGruyter.

Stollfuß, Sven. 2014a. The Rise of the Posthuman Brain. Computational Neuroscience, Digital Networks, and the ‚In Silico Cerebral Subject'. *Trans-Humanities* 7/3, 79–102.
Stollfuß, Sven. 2014b. *Digitale Körperinnenwelten. Endoskopische 3D-Animationen zwischen Medizin und Populärkultur.* Marburg: Schüren.
Stollfuß, Sven. 2016. Differently Constituted Bodies and Minds. Transhumanistische Ideale in der Beschleunigungsgesellschaft. In *Körperphantasien. Optimierung, Robotik, Transhumanismus*, hrsg. Theo Hug et al., (im Druck). Innsbruck: Innsbruck University Press..
Suchman, Lucy. 1999. Human/Machine Reconsidered. http://bscw.wineme.fb5.uni-siegen.de/pub/bscw.cgi/d159059/Suchman0000_HumanMachineReconsidered_Online.pdf. Zugegriffen: 10. März 2016.
Terranova, Tiziana. 2004. *Network Culture. Politics for the Information Age.* London: Pluto.
Thacker, Eugene. 2003a. What is Biomedia? *Configurations* 11/1, 47–81.
Thacker, Eugene. 2003b. Data Made Flesh. Biotechnology and the Discourse of the Posthuman. *Cultural Critique* 53 (2003), 72–97.
Thacker, Eugene. 2004. *Biomedia.* Minneapolis: University of Minnesota Press.
Thompson, Robert J. 1997. *Television's Second Golden Ag.: From* Hill Street Blues *to* ER. Syracuse: Syracuse University Press.
Tibon-Cornillot, Michel. 1982. Die transfigurativen Körper. Zur Verflechtung von Techniken und Mythen. In *Die Wiederkehr des Körpers*, hrsg. Dietmar Kamper und Christoph Wulf, 145–164. Frankfurt a. M.: Suhrkamp.
Toumey, Christopher P. 1992. The Moral Character of Mad Scientists. A Cultural Critique of Science. *Science, Technology & Human Values* 17/ 4, 411–437.
Tudor, Andrew. 1989. *Monsters and Mad Scientists. A Cultural History of the Horror Movie.* Cambridge: Blackwell.
Turing, Alan. 1950. Computing Machinery and Intelligence. *Mind. A Quarterly Review of Psychology and Philosophy* 59/236, 433–460.
Turing, Alan. 1987. *Intelligence Service. Schriften.* Berlin: Brinkmann und Bose.
Van der Laan, J. M. 2006. Machines and Human Beings in the Movies. *Bulletin of Science, Technology & Society* 26/1, 31–37.
Van Dijck, José. 1998. *Imagenation. Popular Images of Genetics.* New York: New York University Press.
Virilio, Paul. 1986. *Ästhetik des Verschwindens.* Berlin: Merve.
Vita-More, Natasha. 2012. Life Expansion. Toward an Artistic, Design-Based Theory of the Transhuman/Posthuman. Dissertation. University of Plymouth. http://pearl.plymouth.ac.uk/pearl_jspui/bitstream/10026.1/1182/1/2012vita-more10080055phd.pdf. Zugegriffen: 10. März 2016.
Warwick, Kevin. 2004. *I, Cyborg.* Urbana, Chicago: University of Illinois Press.
Warwick, Kevin. 2012. *Artificial Intelligence. The Basics.* London: Routledge.
Weber, Jutta. 2011. Die kontrollierte Simulation der Unkontrollierbarkeit. Kontroll- und Wissensformen in der Technowissenschaftskultur. *Unsichtbare Hände*, hrsg. Hannelore Bublitz et al., 93–110. München: Fink.
Weber, Tanja und Christian Junklewitz. 2008. Das Gesetz der Serie. Ansätze zur Definition und Analyse. *MEDIENwissenschaft* 1, 13–31.
Weingart, Peter. 2003. Von Menschenzüchtern, Weltbeherrschern und skrupellosen Genies. Das Bild der Wissenschaft im Spielfilm. In *Science and Fiction. Zwischen Nanowelt und globaler Kultur*, hrsg. Stefan Iglhaut und Thomas Spring, 211–227. Berlin: Jovis.

Whiteley, Peter und Ward Wheeler. 2009–2012. Explaining Crow-Omaha Kinship Structureswith Anthro-informatics (Projektwebsite bzw. -abstract). http://grantome.com/grant/NSF/BCS-0925978. Zugegriffen: 10. März 2016.

Wiedemann, Carolin. 2015. Bring mir den Kopf von Raymond Kurzweil! Frankfurter Allgemeine Zeitung. http://www.faz.net/aktuell/feuilleton/transhumanismus-bring-mir-den-kopf-von-raymond-kurzweil-13696362.html?printPagedArticle=true#pageIndex_2. Zugegriffen: 10. März 2016.

Wiener, Norbert. [1948] 1961. Cybernetics. Or Control and Communication in the Animal and the Machine. 2. Aufl. Cambridge: MIT Press.

Williams, Raymond. [1974] 2004. Television. Technology and Cultural Form. London: Routledge.

Wilmut, Ian et al. 2015. Somatic Cell Nuclear Transfer. Origins, the Present Position and Future Opportunities. Philosophical Transactions of the Royal Society of London. Series B, Biological Sciences 370/1680 (2015). DOI: 10.1098/rstb.2014.0366.

Wulff, Hans J. 2001. Klone im Kinofilm. Geschichten und Motive der Menschenverdoppelung (Onlinefassung). http://www.derwulff.de/files/2-97.pdf. Zugegriffen: 10. März 2016.

The manufacturer's authorised representative in the EU is Springer Nature Customer Service Centre GmbH, Europaplatz 3, 69115 Heidelberg, Germany. If you have any concerns regarding our products, please contact ProductSafety@springernature.com

Printed and bound by CPI Group (UK) Ltd, Croydon, CR0 4YY
23/03/2026
02076462-0009